AF452992

DICTIONNAIRE

CRITIQUE ET ANECDOTIQUE

DES

ENSEIGNES DE PARIS.

PETIT DICTIONNAIRE

CRITIQUE ET ANECDOTIQUE

DES

ENSEIGNES DE PARIS,

Par un Batteur de pavé.

A bon vin point d'enseigne

PARIS.

CHEZ LES MARCHANDS DE NOUVEAUTÉS,

AU PALAIS-ROYAL.

—

1826.

ENSEIGNE.

PUISQUE nous nous sommes permis de faire la critique des principales enseignes de Paris, nous devons exposer aussi la nôtre, au devant de notre magasin de drôleries.

Parmi la nombreuse liste de tableaux que nous offrons au lecteur, on pourra remarquer que les marchands de nouveautés ont la plus ample part; cela tient à ce qu'ils ont l'habitude de sacrifier plus que les autres à l'extérieur, afin de fixer l'attention des passans, qui, arrêtés devant le tableau d'enseigne, se laissent quelquefois séduire par l'élégance avec laquelle les marchandises sont disposées dans les *montres* de leurs magasins.

Plusieurs corps d'état n'ont point d'enseignes, ou bien en ont une qui leur est commune à tous; parmi ceux-ci on remarque les notaires, ils se bornent à attacher devant leur porte un écusson aux armes de France. D'une autre part, les fournisseurs du Roi et des princes, les marchands brevetés ont également des écussons aux mêmes armes. Nous avons donc cru n'en devoir pas parler. Nous en avons fait autant des sage-femmes qui bornent leurs annonces extérieures à un tableau sur lequel elles sont dessinées, soit au chevet du lit de la malade qui paraît constamment jouir de la meilleure santé, soit l'enfant sous le bras, comme le dirigeant vers une maison de dépôt où le nouveau-né ignorera le nom de sa mère.

Comme de nos jours tout s[...]ble se perfectionner, les da[...] accoucheuses s'offrent toujours[...] regards du public, en toilette[...] constamment jolies, constamm[...] fraîches, aussi avenantes en[...] que si elles avaient besoin [...] plaire.

Les dentistes ont aussi une e[...]seigne banale. C'est une énorm[...] dent fourchue, qui représent[...] aussi bien un réchaud de cassol[...]lette qu'une dent molaire. Toutefois quelques-uns d'entre eux ont aussi perfectionné l'enseigne.

M. Désirabode, au Palais-Royal, par exemple, se recommande à l'attention publique au moyen d'un ratelier solidement construit, et pour un mauvais plaisant il y aurait de quoi *mordre*. M. Roblot, qui extirpe avec autant d'habileté les dents que les cors et les durillons, a fait apposer au Palais-Royal un tableau où il est représenté en habit d'uniforme et dans l'exercice de ses fonctions ; il tient par l'orteil un patient, dont le sourire permanent annonce bien que M. le pédicure a réellement autant d'habileté qu'il l'annonce dans ses verbeux imprimés. Mais il faut ajouter que les dentistes en renom dédaignent ces petits moyens, ainsi M. Delabarre, rue de la Paix, n° 19, et M. Dubois, rue Caumartin, n° 2, n'ont pas même à leur porte la *molaire* de rigueur.

Les Compagnies d'assurance ont également les mêmes signes pour tous leurs clients. Le Phénix a sa plaque qui représente un oiseau naissant d'un incendie ; il n'est pas depuis l'administration des Fosses mobiles, jusqu'à celle du balayage, qui ne stigmatise d'une manière particulière, chaque maison qui s'est rendue leur tributaire.

Les débitans de papier timbré sont de tous les individus exerçant une profession sujette au public, ceux qui font le moins de frais d'annonce. Ils se cachent dans des allées, au sommet des maisons, et cela s'explique bien, car leurs bénéfices ne sont pas fondés sur leur débit, c'est un emploi qu'accorde le gouvernement aux veuves des militaires ou aux personnes qu'il protége. Il serait cependant à souhaiter qu'on les plaçât plus à la portée du public qui, en définitif, est le seul qui les paye.

Messieurs les huissiers ne s'annoncent aussi que par une seule inscription. C'est un avertissement de douleur pour ceux contre lesquels ils ont agi, lesquels les détestent, car le malheureux confond souvent l'instrument qui sévit avec la puissance qui le fait mouvoir.

Une chose digne de remarque,

par exemple, sont les moyens mis en usage par les Bureaux de loterie pour attirer le public. Non contents d'indiquer les *meilleurs numéros*, *des jeux certains*, ils poussent la précaution jusqu'à se placer de manière à ce qu'ils puissent offrir au joueur timide, un moyen d'entrer secrètement dans leurs bureaux. Ils n'omettent pas non plus d'annoncer pompeusement et avec des attestations authentiques, les sommes gagnées dans leurs bureaux par l'imprudent qui, peut-être à la veille de sa ruine complète, a été favorisé par la roue chanceuse de la loterie. Ne serait-il pas plus convenable qu'ils exposassent à tous les regards le récit des malheurs que le jeu traîne à sa suite ? Mais ils manqueraient le but pour lequel ils s'établissent, il n'est donc pas étonnant qu'ils suivent le chemin opposé.

Maintenant, lecteurs, un petit mot sur cet ouvrage; gardez-vous surtout de croire que notre intention ait été, en publiant ce petit livre, de faire le moindre scandale; cette pensée est tout-à-fait loin de nous, c'est un petit guide que nous avons voulu vous tracer, et le flaneur, c'est-à-dire l'homme qui veut intéresser ses courses, s'enlever l'ennui attaché aux promenades dans l'intérieur de Paris, nous devra savoir gré de l'avoir entrepris. Si la manière dont nous l'avons fait lui inspire le desir de voir ce travail plus complet, eh bien! nous mettrons encore une fois à contribution nos jambes et notre malice !

DICTIONNAIRE

CRITIQUE ET ANECDOTIQUE

DES

ENSEIGNES DE PARIS.

ABSALON (*A*). M. Lacroix, perruquier-coiffeur, rue Basse, porte Saint-Denis, n. 8. C'est une chose convenue, qu'en fait de poésie, il n'y a que les coiffeurs, et nous n'hésitons pas à dire qu'en fait de vers, M. Lacroix a mis le sceau à la réputation du corps. Le quatrain placé au bas de son tableau d'Absalon en offre la preuve.

> Passans, contemplez la douleur
> D'Absalon pendu par la nuque;
> Il eût évité ce malheur
> S'il eût porté perruque.

Quelle verve, quelle originalité,

quelle moralité, quelle vérité, quelle!!! faire des vers et friser des cheveux, c'est toujours un travail de tête.

ACADEMIE ROYALE DE MUSI-QUE, grand Opéra, rue Le Pelletier, au coin de la rue Pinon. Il faut presque un guide pour trouver ce monument de papier peint collé sur bois ; du reste belle façade, mais légère. Heureusement que je lis : A. G.

ACROBATE (*Théâtre*). Madame Saqui est depuis long-temps connue pour la plus vigoureuse danseuse de corde qu'il y ait. Son théâtre est assez proprement tenu : aussi chez elle ne craint-on jamais que de s'ennuyer, ailleurs on peut être agité par d'autres terreurs, il est vrai que les Bains Turcs sont tout vis-à vis.

AMBIGU-COMIQUE (*Théâtre de l'*). S'il y a quelque chose de comique dans ce théâtre, ce n'est pas certainement le genre qu'on y exploite, car il faut une fière dose d'hilarité pour rire à *Calas*, à *l'Auberge des Adrets*. Le niais n'offre lui-même rien de comique, mais en revanche le nombreux public qu'amènent les trophées des héros de mélodrame pourrait bien, à quelques égards, exciter le sourire, le jour de chambrée complète.

AMIRAL COLIGNY (*L'*). Greffet, restaurateur, rue Béthizi, n. 18. C'est dans l'un des appartemens de cet établissement que l'infortuné Coligny a reçu le trépas. Mais les temps ont changé, et maintenant on *fait noces et festins* précisément à l'endroit où le fanatisme immola un grand homme et un vertueux citoyen. Partisans de la bonne chère, et vous qui aimez l'histoire et la bonne cuisine, souvenez-vous à la fois de Greffet et de Coligny, ce sont deux immortels. D'ailleurs, vous n'avez point à redouter de poignard ; le glaive du restaurateur n'est funeste qu'aux volailles et aux quadrupèdes.

ANGE GARDIEN (*A l'*). Lingerie, rue Saint-Honoré, n. 359. Ce magasin doit en effet être bien gardé par son enseigne, car il n'est voleur qu'elle ne puisse effrayer ; il est vrai de dire que les dames des lingeries sont fort attrayantes, et qu'il faudrait n'avoir pas le sou pour ne pas y acheter cravates, mouchoirs de poche, etc., etc., etc.

ARCHITECTES CANADIENS (*Aux*). Magasin de chapeaux, rue Dauphine, n. 3. Des castors gros comme des ours circulent dans une île canadienne, bâtissent des grottes, coupent des arbres, et font enfin l'office de charpentiers et de maçons expérimentés. Ce sont ces castors que le chapelier appelle avec raison des architectes, mais ce n'en est pas une pour qu'il ne vende que des chapeaux fabriqués avec la toison de cet industrieux animal : néanmoins il est lui-même un architecte en chapeaux très-distingué, puisque architecture il y a, et les têtes du faubourg Saint-Germain en font les plus grands éloges.

ASSOMPTION (*A l'*). MM. Lemoine, Clocquemin et compagnie, marchands de nouveautés, rue St.-Honoré, n. 375. Les négocians dont le magasin est proche de l'église de ce nom, ont cru devoir prendre pour enseigne l'*Assomption de la mère de Dieu;* nous autres ignorans nous avons demandé à un flâneur ce qu'avait de commun l'Assomption de la sainte Vierge avec des nouveautés: ce flaneur nous a appris que le mot Assomption venait d'un mot latin qui signifie enlever, et qu'on enlevait les marchandises de MM. Lemoine et Clocquemin en payant. Du reste, nous n'avons pas pu nous en assurer, parce qu'un voile couvrait le tableau, et que le temps était pluvieux.

AUTRUCHE (*A l'*). Denevers Flamet, plumassier, rue St-Denis, n. 354. M. Denevers a eu bien raison de faire la réputation de son autruche, car jamais l'autruche n'eût fait la sienne. Les plumes que l'on y a indiquées paraissaient avoir été sculptées avec un merlin.

BAIGNEUSE (*A la*). Rue Montesquieu, n. 5, lingerie. Entrez dans le magasin, ma belle amie, vous paraissez avoir froid ; votre voile diaphane me fait craindre que vous ne soyez atteinte d'un rhume. Mais, me dit mon compagnon de promenade, est-ce que vous prendriez par hasard cette peinture pour une femme, et les coups de pinceau pour un tissu ? Et pourquoi pas, ils y ressemblent plus qu'à un moulin à vent... C'est ma foi vrai.

BAINS CHINOIS (*Aux*). Aujourd'hui on veut tout à l'anglaise, chevaux, harnais, jusqu'aux lieux d'aisance ; naguère tout était à la chinoise, et le n. 25 du boulevard des Italiens est pour le moins un abrégé de Pékin. Ce ne sont pas seulement des bains qu'on y trouve, mais encore un café, un restaurant, un marchand de souliers, un cabinet littéraire qui ne se compose que de livres français. Que de Chinois à Paris!

BANQUET D'ANACRÉON (*Au*). M. Ducroux, restaurateur, boulevard Saint-Martin, n. 53. Voyez-vous ce vieillard à l'œil vif, à la face rubiconde, qui, placé au haut de la table, semble communiquer à ses convives, aux beautés qui l'entourent, l'ardeur voluptueuse qui l'anime. C'est le type des épicuriens passés, présens et futurs; c'est Anacréon qui invite les sectateurs de ses joyeux préceptes à venir déposer leurs offrandes au temple que M. Ducroux lui a élevé. Les connaisseurs assurent que parmi les personnages du tableau, la seule tête d'Anacréon a été peinte d'après l'antique : les beautés sensibles du théâtre de la Porte Saint-Martin auraient servi de modèle aux nymphes sémillantes qui entourent le galant vieillard. Pourquoi ne les voit-on que sur l'enseigne !

BARQUE A CARON (*A la*). Loquart aîné, magasin de bonneteries, rue du Bac. Le nautonnier des sombres bords conduit sa barque sur le funeste Styx. Mercure tient le gouvernail. Mais disons tout ce que ce tableau fait de main de maître nous révèle : c'est un homme revêtu d'habits ecclésiastiques, qui tremble d'arriver à l'autre rive, un jeune enfant qui cueille encore des fleurs sur sa route, et Socrate fier, mais tranquille, arrivant au dernier séjour avec autant de calme que le jour qu'il avala la ciguë ; mais hélas ! deux amans sont aussi sur la terrible barque ! Que de regrets ! que de sanglots ! les malheureux vont peut-être se séparer.... Il y a du génie dans ce tableau ; c'est une copie, mais elle est bien intéressante, allez la voir, c'est d'un élève de Girodet. J'oubliais de parler des criminels, j'entrevois leur teint livide, ils vont paraître devant le Dieu de justice !

BAS-BRETONS (*Aux*). Vous allez peut-être croire, vous qui êtes habitués aux jeux de mots, que cette enseigne est celle d'un marchand de bas; point du tout, c'est celle d'un rogomiste, débitant de tabac de la rue Sainte-Croix de la Bretonnerie, n. 13. Vous voyez pourtant qu'il y a de l'esprit partout : deux bas-bretons qui ressemblent à deux limousins ont un verre à la main, et savourent le nectar qu'on appelle trois-six. Les bas-bretons buvant le rogome, c'est bien ça, et dans la rue de la Bretonnerie, c'est encore mieux.

BAYADÈRES (*Aux*). Boulevard Italien, n. 9, nouveautés. Trois jolies personnes se disputent les honneurs de cette toile. Elles sont fort bien groupées; leur teint a de la fraîcheur, leur minois est piquant; elles sont du reste sur leur théâtre. N'est-ce pas près de l'Académie Royale de musique, et non loin de ce boulevard, que de *charmantes bayadères* affriandent tous les soirs les élégans de Coblentz et de Gand?

BELLE ANGÉLIQUE (*A la*). M. Joanneau, confiseur, boulevard des Italiens, n. 23. De ce que M. Joanneau est dans la confiture, on croira qu'il a pour enseigne un beau pied d'angélique, et l'on ne se trompera pas ; mais ce n'est pas le tout, la belle Angélique de l'Arioste attend Médor. Que d'esprit a M. Jeannot, c'est-à-dire M. Joanneau.

BELLE ANGLAISE (*A la*). Rue Saint-Denis, n. 94 : magasin de soieries. Le dessein de cette enseigne est assez artistement entendu ; le peintre avait probablement un modèle. Ah ! si c'était la maîtresse de la maison ! mais pourquoi pas ?

BELLE FERMIÈRE (*A la*). MM. Faré et David, marchands de nouveautés, faubourg Saint-Antoine, à l'entrée. La Touraine ne fournit pas seulement d'excellentes prunes, mais aussi de fameux dindons. Quoique tourangeaux, MM. Faré et Cie ne sont pas de l'espèce ; ils sont négocians, et ont succédé à l'ingénieux M. Parissot. Honnêtes et probes, ils ont été aidés dans leur commerce, et font honneur à leurs affaires. Vous avez beau dire à ces messieurs qu'ils sont un peu en arrière des connaissances actuelles, et que l'esprit marche, ils vous répondront que marcher est quelquefois rouler, et que pierre qui roule n'amasse pas de mousse. Cependant ils sont bons chanteurs, du moins ils le croient, et après leurs repas ils s'amusent à chanter le fameux psaume BEATI PAUPERES.

BON FABRICANT (*Au*). M. Durand, marchand bonnetier, au coin des rues de la Calandre et de la Barillerie. Un capucin bien noir, bien enfumé, tisse sur le tableau de M. Durand, le bonnet de coton ou le gilet de laine; il nous a été impossible de reconnaître lequel des deux. De plus clairvoyans que nous, qui n'usent que des bottes, reconnaîtront peut-être si M. Durand est réellement un bon fabricant : à cet égard nous devons l'en croire sur parole ; mais pour le fabricant du tableau, il est assurément mauvais.

BON HENRI (*Au*). M. Lefranc, bonnetier, rue Neuve des Petits-Champs, n. 30, et M. Victor Martin, marchand de draps, rue du Bouloi, n. 2. Ce ne sont plus deux plateaux de balance, deux mains serrées l'une dans l'autre, qui caractérisent la franchise et la bonne foi, c'est le portrait du bon Henri. Parmi les nombreux marchands qui en ont décoré leurs magasins, on doit citer MM. Lefranc et Martin. Le premier l'a représenté à pied, le second à cheval, et tous deux ont reproduit avec bonheur les traits de leur patron. Nous sommes convaincus que ces négocians ont toujours dans leur commerce les principes du bon prince présens à la mémoire, franchise et loyauté.

BELLE INDÉCISE (*A la*). M. Tautin, cordonnier, boulevard Bonne-Nouvelle, n. 33. La belle Indécise de M. Tautin est une jeune femme de quarante à cinquante ans. Ses yeux sont ternes (effet de lumière), son nez est un pied de marmite (c'est du raccourci), ses pieds sont d'une grosseur démesurée (les souliers qu'elle avait usés à profit les lui avaient avachis), néanmoins on l'appelle belle indécise, et son indécision consiste à en savoir lesquels prendre de souliers noirs ou verts; ou de prunelle ou de coutil; la couleur boue de Paris est celle qui lui conviendrait mieux, elle serait plus en rapport avec la teinte du tableau.

BELLE JARDINIÈRE (*A la*).

Parissot, marchand de nouveautés, rue de la Lanterne, n. 13. Au milieu d'un jardin bien lisse, une jardinière, dont le teint est aussi blanc que celui d'une petite maîtresse de la Chaussée-d'Antin, tient à la main un arrosoir, des fleurs, de la verdure; des arbres couverts de fruits forment un tableau qui ne fait pas moins d'honneur à l'artiste qui l'a peint, qu'à M. Parissot qui en a conçu l'ingénieuse idée. C'est vraiment un homme d'esprit que M. Parissot; placé naguère à l'entrée du faubourg St.-Antoine, il avait pris LA BELLE FERMIÈRE pour enseigne; aussi avait-il peine à fournir à toutes les demandes; les fermières de St.-Maur et des environs assiégeaient ses comptoirs, jusqu'à ce que le jour vint où M. Parissot annonça la fermeture de sa boutique par cessation de commerce; les fermières s'en consolèrent, mais M. Parissot les avait abandonnées pour les jardinières, il se transporta au Quai aux fleurs où maintenant il partage avec St.-Denis de la Châtre la pratique des prêtresses de Flore et des tranquilles habitans du cloître Notre-Dame.

BELLE MARRAINE (*A la*).

M. Grammont, confiseur, boulevard du Temple, n. 47. Ce n'est pas une petite affaire que d'avoir une belle marraine ; ce sont les gants, le bouquet, les bonbons de toute espèce que fabrique si douccreusement M. Grammont ; on prétend que ce confiseur n'a pris pour enseigne *la Belle Marraine* que pour faire ressortir le parrain vilain.

BŒUF A LA MODE (*Au*).

Restaurateur, rue du Lycée, près le Palais-Royal. Des schalls, un chapeau ornent un bœuf que le restaurateur calembouriste a cru pouvoir appeler à la mode ; d'aucuns trompés par le jeu de mots, ont voulu en tâter à la cuisine, mais ils ont trouvé qu'il était un peu trop salé.

BONNE OUVRIÈRE (*A la*).

M. Fleuri-Croseau, magasin de chapeaux de paille, lingerie et rubans, rue du faubourg St.-Denis, n. 1. A ne voir que l'enseigne il serait difficile de juger le talent de la bonne ouvrière qu'elle représente, mais entrez dans le magasin, considérez cinq à six jeunes personnes chiffonnant de leurs doigts légers la gaze et la mousseline, et vous conviendrez que la réalité vaut mieux que la peinture : les belles dames dédaignent le magasin du faubourg, mais c'est le Palais-Royal de la vallée de Montmorency ; et plus d'une surannée de Pierrefitte a dû la fin de son célibat aux rubans de M. Fleuri-Croseau.

BONNES D'ENFANS (*Aux*).

Rue St.-Honoré, n. 279, magasin de nouveautés. Heureux siècle où chacun s'empare avec empressement de toutes les idées pour en faire une spéculation. Nos ancêtres avaient leurs *marcs d'or*, leurs *croissans*, leurs *grands-cerfs*. Maintenant il nous faut du nouveau, du pompeux, de l'éclatant ; mais est-ce donc la cage qui nourrit l'oiseau, ou l'habit qui fait le moine ? Demandez-le au propriétaire de cet établissement.

BONS ENFANS (*Aux*).

Louvet, marchand de vins, place de Grève, n. 9. Amateurs de tragédies, courez chez M. Louvet, demandez un litre et placez-vous à l'une des croisées de ses salles ; quatre heures sonnent ! la foule s'agite ; le dénouement approche ; vous voyez le patient monter sur l'échelle fatale ; encore un instant tout est terminé ; un verre de vin maintenant pour calmer votre émotion ! Il y a de nos jours tant d'hommes sensibles, que les jours d'exécution à la place de Grève, les chambres des marchands de vin, fussent-elles grandes comme la galerie du Louvre, ne sauraient les contenir tous.

BON VIVANT (*Au*). Magasin de comestibles, rue de Richelieu, n. 15. Le bon Vivant fait pauvre chère ; ce n'est pourtant pas que le magasin soit mal garni, mais qu'importe au marchand, l'enseigne n'est là que pour se conformer à l'usage, et l'on voit chez lui plus d'acheteurs que de curieux ; ainsi, c'est toujours le bon vivant qui le fait vivre.

BOTTE SANS COUTURE (*A la ci-devant*). M. Colmant, bottier, Palais-Royal, galerie de pierre. Avant 1813, M. Colmant était bottier de S. M. l'empereur et roi, et de je ne sais combien d'autres majestés. Ses bottes sans couture, qui pouvaient être fabriquées au moyen de machines à vapeur de la force de cent quarante chevaux, allaient être employées à la chaussure de la cavalerie, lorsque 1814 arrive; alors les pieds ayant manqué, M. Colmant ajouta le mot ci-devant à son enseigne. Ci-devant, c'est comme avant la révolution!

BUSTE D'HENRI IV (*Au*). M. Pourier, marchand de draps, rue Saint-Honoré, n. 3. Allez contempler l'image *du seul roi dont le peuple ait gardé la mémoire*, du roi que les jésuites ont frappé du poignard qu'ils cachent maintenant pour vous déborder de toutes parts. C'est devant le magasin de M. Pourier que le fanatisme trancha les jours du grand roi; son buste, et une inscription placée au-dessous, rappellent à la mémoire des citoyens le deuil de la patrie :

Henrici magni recreat præsentia cives,
Quos illi æterno fædere junxit amor.

M. Pourier est le marchand de draps du Théâtre Français. Quand lui fournira-t-il les costumes nécessaires à la représentation de certaines pièces de *Chénier?*

CADRAN BLEU (*Au*). Restaurant,

boulevard du Temple, au coin de la rue Charlot ; l'aiguille marque quatre heures. C'est à ce moment qu'on sert le repas de noces. Le Beaune et le Champagne achèvent de tourner la tête du mari, il dévore des yeux sa nouvelle épouse, qui ne perd pas la sienne, et qui se promet de faire durer les illusions de son seigneur et maître jusqu'à ce que.... La jeune dame est précoce..... Dans sept mois, ah ! ah ! De quoi riez-vous donc, là-bas, Messieurs , dit la maman d'une voix aigre ?... Les mauvais plaisans... Sans compter beaucoup d'autres cadrans bleus, il en existe un rue Sainte-Marguerite, proche l'Abbaye, au-dessous duquel on lit : *Aujourd'hui on dîne pour de l'argent, demain pour rien*. Pour les restaurateurs demain n'arrive jamais.

CAFÉ DU COMMERCE ET DES ARTS (*Au*).

J'aperçois dans ce nouvel établissement une foule de jolies demoiselles, un joli billard, et tout serait de mon goût, si je n'entrevoyais un tuyau de poële bien peu en harmonie avec le reste. Entrons. Une demi-tasse ! On me sert peut-être un peu maladroitement, mais la justice me commande

de dire que j'ai bu d'excellent café, que
j'ai vu des demoiselles aussi honnêtes
que séduisantes. Que demandai-je de
plus? Ma foi, on fume. Fuyez, captieuse
nicotiane ; reléguez-vous au premier
étage, je n'aime pas trouver entre moi
et les jolis minois du comptoir une fumée épaisse et une odeur nauséabonde.

COURRIER FRANÇAIS (*Au*).

M. Ditrou, sellier, rue de Grenelle
Saint-Honoré, n. 63, s'est placé sous
les auspices d'un élégant écuyer. Depuis dix ans, il orne son enseigne, ce
qui nous a fait penser qu'il offrait quelque ressemblance avec le postillon de
Calais, c'est-à-dire qu'il trotte et court
sans arriver jamais.

COTONNIER (*Au*). M. Tournier,

marchand de bonneterie, rue Neuve-
des-Petits-Champs, n. 67. A la bonne
heure, M. Tournier n'est pas charla-
tan ; il ne va pas prendre un sanglier
pour enseigne lorsqu'il ne vend que
du coton. L'arbre qui fournit la ma-
tière première de son commerce fleurit
sur son enseigne, il portera ses fruits.

COTE D'OR (*A la*). Thévenot.

marchand de vins, rue du Faubourg-St.-Denis, n.° 86. On lit sur cette enseigne : *A la;* puis est dessinée *une côte d'or.* Encore un calembourg! Il serait de bon aloi si la côte d'or ne ressemblait plus à une lame de couteau qu'à une côte.

CONTENTS (*Aux*). M. Peruchon, marchand de vin, place du Palais-de-Justice, n. 8. Le marquis de Bièvre, de pointilleuse mémoire, ne s'en serait pas douté. Ce tableau vous représente un marchand de vin assis dans son comptoir, et recevant les deux sous, prix du polichinel que vient d'avaler un chaland en sabots. Entendez-vous maintenant. Mais ce n'est pas assez que le marchand de vin ait fait comprendre qu'il vendait au comptant, une estampe de six liards représente la mort du malheureux Crédit, avec cette légende : *Crédit est mort; les mauvais payeurs l'ont tué. A bon entendeur...*

COMMISSIONNAIRE AU MONT-DE-PIÉTÉ. C'est une enseigne commune dans les rues de Paris, et qui a (soit dit sans les fâcher) attiré plus d'une fois quelques-uns de nos lecteurs. Quant à ceux qui ne savent ce que sont les commissionnaires dont nous citons l'enseigne, nous leur apprendrons que ce sont les délégués d'une pieuse administration qui, moyennant douze pour cent, lesquels, à cause des intermédiaires, s'élèvent jusqu'à dix-huit, prête trois francs, et davantage, sur un dépôt d'une valeur triple. Ce produit est destiné à l'entretien des hôpitaux, où l'on prétend que les malades sont reçus gratis. Ils ont bien payé leurs places. Du Mont-de-Piété à l'hôpital il n'y a guère qu'une demi-heure de chemin, et grâce à la philanthropie qui a présidé à l'érection du Mont-de-Piété l'espace est bientôt parcouru.

COIN DE RUE (*Au*). Magasin de nouveautés au coin de la rue des Bons-Enfans. Ce tableau d'enseigne est-il peint au coin du talent? ce magasin est-il décoré au coin du bon goût? oui, oui, et du petit coin où je viens de me placer j'ai pu me convaincre qu'un coin de rue était toujours propice à tous les boutiquiers.

CLOCHETTE (*A la*). Nouveautés,

place de l'Ecole. *Me voilà, me voilà,* dit le diable-page ; c'est madame Boulanger qu'on a voulu représenter sur ce tableau. De bonne foi le portrait n'est pas ressemblant ; mais le petit diable n'en est pas moins séduisant. Protecteur du héros de cet opéra, il arrive chaque fois que l'on agite la sonnette. Ah ! si le public pouvait également être à la dévotion d'une sonnette, il y a gros à parier qu'au lieu de laisser le petit page à la porte le marchand l'aurait prié d'entrer.

CROISSANT (*Au*). Renard, marchand d'indiennes, rue Dauphine, n. 44. Discuter cette enseigne serait tout-à-fait hors de propos ; on en rencontre à Paris plus de cinquante semblables, et il y a également dans la capitale encore plus de *femmes fidèles.*

A LA CLEF DU BONHEUR. Bureau de loterie, rue de Richelieu, n. 87. Le croirait-on ? c'est la Fortune qui renverse des fleurs de sa corbeille. En effet elle en peut semer sur le chemin de la vie ; mais ce n'est point à un bureau de loterie qu'il faut l'aller chercher. Il serait plus convenable de rem-

placer ce tableau par un homme déguenillé, au comble de l'indigence, e
entouré de tous les signes de la misère.

CIVETTE (*A la*). Débit de tabac,
rue St.-Honoré, au coin de la galerie
de Nemours. Priseurs, courez à la Civette : de charmantes demoiselles vous
serviront le meilleur tabac de Paris,
et en même temps que vous délecterez
votre nez, vos yeux seront charmés. Si
vous êtes galans vous pourrez dire à la
jolie fille de comptoir :

Ton tabac est divin , et toi seule l'égale.

CHIEN FIDÈLE (*Au*). Belliard,
marchand de chiens, boulevard des
Italiens, au coin de la rue de Grammont. *Tond chiens et chats ; châtre
les uns, coupe les autres ; vat en ville,
et sa femme aussi, et prend des pensionnaires.* Voilà, certes, qui n'a besoin ni
d'explication ni d'éloges : la voix de sa
troupe suffit seule pour étendre sa renommée.

CHEVAL D'OR (*Au*). Magasin de
quincaillerie, rue St.-Denis, n. 371. Un
Pégase jaune ! Est-ce que le proprié-

taire du magasin est poëte? Non, il n'est que quincailler. Pourquoi donc un cheval pour enseigne? pour indiquer qu'il ne va pas à pied? c'est peut-être ça.

CHAPERON ROUGE (*Au*). Magasin de nouveautés, rue St. - Honoré, n. 326. Cette enseigne représente, non le Petit Chaperon de Perrault, mais celui de Théaulon. Rose d'amour est placée dans deux circonstances bien critiques : elle a quitté son chaperon, talisman conservateur de sa vertu; et on tremblerait pour elle si on ne savait bien que les femmes n'ont jamais besoin de talisman pour conserver leur innocence; d'ailleurs n'est-ce pas sous la tutelle d'une maison de confiance?

CHATEAU D'EAU (*Au*). M. Raimbaut, marchand de nouveautés à prix fixe, boulevard St.-Martin, n. 27. L'enseigne de ce magasin fait courir tout Paris. Le fini de l'exécution et le talent du peintre la rendent très-recommandable : elle offre la représentation exacte du boulevard St.-Martin, au Château-d'Eau. Dans le fond du tableau la fontaine distribuant ses eaux remplit

l'atmosphère d'une fraîcheur agréable,
sur le devant, des badauds et des pro-
meneurs parcourent en tout sens le
boulevard. Mais une scène charmante
occupe surtout les regards : c'est une
bonne d'enfans, pleine de jeunesse et
d'attraits, que courtise un conscrit.
Ce petit épisode, dont le théâtre
des Variétés a fourni le modèle, est
rendu avec beaucoup d'esprit : aussi
comme nous le disions, les curieux
s'empressent d'aller visiter ce tableau,
ce qui ne veut pas dire le magasin.

CHAPEAU SANS PAREIL (*Au*).
M. Lefebvre, chapelier, boulevard
Bonne-Nouvelle, n. 11. M. Lefebvre
a raison d'appeler son enseigne le chapeau sans pareil ; heureusement les in-
firmités qui attaquent le chef de tant
de Parisiens ne sont pas assez appa-
rentes pour qu'ils aient besoin de le
dissimuler sous un chapeau comme
celui que nous citons ; s'il en était autrement, il ne serait plus que très-or-
dinaire : il n'a guère que deux pieds
de haut, et le bois des cerfs va souvent
jusqu'à cinq.

CAROTTE D'OR (*A la*). Débit de
tabac, quai St.-Michel, n. 44. Une ca-

rotte pour enseigne! Est-ce que c'est un marchand de légumes? Il y a carotte et carotte, et il s'agit d'une carotte de tabac. Mais carotte d'or! c'est bon pour l'enseigne : elle n'est que de bois doré ; autrement le débitant devrait craindre d'être carotté.

CARDINAL (*Au*). M. Dumont, marchand de vin, vieille rue du Temple, n. 94. Jusqu'à présent les marchands de vin n'avaient pris pour enseigne que des Bacchus et des lurons ; mais un cardinal en robe rouge, en chapeau! Ah! vous criez à l'impiété..... cessez vos clameurs ; M. Dumont est successeur de M. Cardinal, et c'est le souvenir de son prédécesseur qu'il veut rappeler par son enseigne.

CARAVANE (*A la*). M. Aud'bert et compagnie, marchands de nouveautés, rue de Richelieu, n. 82. Ce tableau est un des mieux peints qui décorent les magasins de la capitale. La scène de l'opéra de ce nom, les traits des jolies coryphées de l'Académie Royale de Musique y sont reproduits avec une étonnante vérité ; et, ce qui ajoute à l'illusion, et la change presque en réalité, c'est le luxe des magasins et la beauté des étoffes de M. Audbert. Les riches cachemires de l'Inde, les tapis de l'Orient, tout ce que l'Asie offre de riche est étalé, et sans l'immobilité des figures du tableau on se croirait transporté aux bazars de l'Indostan ou de la Perse.

CAPUCIN (*Au*). Chappard, restaurateur, rue des Fossés-du-Temple, au coin de la rue d'Angoulême. Gourmands, que cette enseigne ne vous effraie pas : le patron de ce couvent traite fort bien ses habitués. Indépendamment de l'excellente chère que vous y trouverez on vous y distribuera *gratis* la captieuse nicotiane dans une tabatière historique. Couples amoureux, ne redoutez pas non plus la rigidité du monastère : il y a de fort jolies cellules où l'Amour ne sera point effrayé; car les servants, en frères discrets, n'y pénètrent jamais sans qu'une clochette les y appelle.

CAPOUSTA ou **CHOU DE SIBÉRIE** (*Au*). M. Tripet, marchand grainier, boulevard des Capucines, n. 13. Pourquoi avons-nous dit que M. Tripet était grainier ! Si nous nous étions contenté de citer d'abord son enseigne, on aurait pensé qu'elle indiquait le magasin du fournisseur de la laiterie de Bondy ; que si, au contraire, nous avions seulement inscrit son nom, on aurait juré qu'il ne vendait que les débris des abattoirs ; mais nous sommes justes, et nous répétons, pour qu'on ne fasse pas de mauvaises pointes, que M. Tripet est grainier ou grenetier, et vend de la graine de capousta ou de chou. Avis aux amateurs de tulipes.

CACAOTIER (*Au*). M. Ségofin, confiseur, boulevard des Italiens, n. 20. Calomniez, il en reste toujours quelque chose. Pauvre M. Ségofin ! sa vertu a été mise à de rudes épreuves. La calomnie à la bouche impure, à la langue venimeuse a essayé de l'atteindre ; plus heureux que bien d'autres, il l'a repoussée de toutes ses forces, et la justice l'a lavé. Voici le fait. M. Ségofin avait une jolie cuisinière ; celle-ci s'est parée des bijoux de madame ; on l'a traitée de voleuse. Elle a prétendu que ces bijoux étaient le prix des faveurs qu'elle aurait accordées au galant confiseur. Mais M. Ségofin a prétendu que, plutôt que de parer son amante avec les bijoux de sa femme, il lui aurait donné de l'argent pour en acheter. N'est-ce pas de la vertu? La servante a été condamnée à deux ans de prison, ce qui ne diminue pas la douceur des bonbons du cacaotier.

DUMOLET (*A monsieur*). Rue Montesquieu, bonneterie. M. Dumolet est peint la jambe levée, et faisant remarquer aux passans que, bien qu'il soit habitant de Saint-Malo, il n'en a pas moins la jambe bien faite; mais il semble dire qu'il doit ce phéromène aux bas réparateurs que l'on débite précisément au magasin sur le devant duquel il se présente.

DRAPEAU LIBÉRATEUR (*Au*). Rue du Petit-Carreau, n. 26, Desiré Breton, marchand de nouveautés. Cette enseigne représente un soldat debout sur une barque qu'agite la vague écumeuse. Il y a planté son drapeau pour lui servir de voile et le diriger dans sa course. Dieu! MM. les marchands, affaire à vous, pour faire si promptement un marin d'un homme de terre.

DIEU MARS (*Au*). Pesche, libraire, galerie de bois, Palais-Royal, n. 233. Entrepôt central de toutes les nouveautés. Cet établissement, rendez-vous habituel du fretin de la littérature, n'a pas besoin, pour se défendre de la guerre faite au genre qu'il exploite, d'invoquer le patron sous les auspices duquel il s'est placé, car on sait que Mars n'a jamais rien eu à démêler avec les champions de la Quotidienne et consors. Ne serait-il pas plus convenable qu'il se plaçât sous le giron de Thémis ?

DIABLE BOITEUX (*Au*), rue de la Monnaie, n. 23, nouveautés. *La fille mal gardée* était sur le point de perdre son innocence, quand le Diable boiteux la prit sous sa protection. Maintenant la demoiselle marche d'une allure ferme et décidée, et le petit homme à béquilles suffit à lui seul pour la préserver des séductions d'une légion de trente braves, qui « ont un comptoir pour champ d'honneur, et pour arme une demi-aune. »

DIABLE A QUATRE (*Au*), rue Saint-Denis n. 331, magasin de tabac.

Une jolie petite paysanne dit à chaque passant : *Tout plaisir vaut son prix.* Achevons la phrase : *Pris en dépit des maris.* Ce n'est certainement pas l'usage du tabac que les maris redoutent le plus, et l'égrillarde a des yeux qui ne paraissent pas exprimer que le tabac soit le seul fruit qu'on lui ait défendu.

DEUX SOEURS (*Aux*). Boutique de corsets, boulevard des Panoramas, n.13. Il y a plus de vingt ans que cette enseigne décore le boulevard : alors elle représentait une fille de vingt-cinq ans laçant un enfant qui n'en avait que douze. De compte fait, quarante-cinq et trente-deux font l'âge des naïves demoiselles du magasin. Petits maîtres, détournez vos regards, elles prennent du tabac.

DEUX PERDRIX ROUGES (*Aux*). Place de la Pointe-St.-Eustache, n. 13. Pelletier, marchand de volaille. On lit sur un des côtés de la boutique : *Il est bon là le,* et puis on a dessiné un *lapin.* On prétend que M. le marchand a bien couru avant d'attraper une idée de gibier semblable.

DEUX MAGOTS (*Aux*). Desabie, marchand de nouveautés, à l'angle des rues de Seine et de Bussy. Vous avez été bien chiche, M. le peintre; comment donc, ne peindre que deux magots, quand... C'est l'un des magasins les plus achalandés de la capitale. On y a compté jusqu'à trente commis; il n'y en a plus que vingt-huit maintenant; cherchez les deux autres.

DEUX INDIENS (*Aux*). M. Didié Totey, fabricant de papier peint, boulevard de Bonne-Nouvelle, n. 47. L'enseigne, comme les marchandises, n'est que de papier plus ou moins grossièrement colorié. Mais ce qui attire les curieux devant le magasin du papetier ce sont les devans de cheminées qui le tapissent extérieurement. Les contrastes que forment les différens sujets de ces tableaux, sont quelquefois piquans; nous avons vu Raoul Barbe-bleue en face du ci-devant jeune homme, une scène de Pommadin à côté d'Agamemnon assassiné par Clytemnestre, etc.

DEUX GASTRONOMES (*Aux*). Magasin de comestibles, boulevard Poissonnière, n. 9. D'un côté, un Lucullus moderne dissèque la gelinotte et savoure le Chambertin ; de l'autre, le gastronome sans argent mange son petit pain à l'odeur du pâté de foie de Strasbourg. C'est ainsi que le propriétaire du magasin avait personnifié la jouissance et le désir. Que lui reste-t-i maintenant ? Le magasin est à louer par cause de cessation de commerce; et, au premier jour, l'enseigne attirera les curieux à l'étalage d'un marchand de bric-à-brac.

DEUX FRÈRES (*Aux*). Rue Montesquieu, n. 5, Frémicourt, drapier. Que me payerez-vous, messieurs, pour vous dire que vous n'entendez rien à une enseigne? Comment, vous avez l'audace d'associer deux frères aux laves d'un volcan. N'auriez-vous pas dû plutôt prendre pour tableaux deux cœurs que les lois de l'hymen tiendraient embrassés. Vous êtes donc de nouveaux Caïn et Abel?

DEUX EDMOND (*Aux*). Collas et Joly, marchands de draps, rue St.-Denis, n. 220. L'enseigne n'est pas trop mal choisie, car on se rappelle que l'acteur Joly, du vaudeville, remplissait le rôle d'Edmond, dans le vaude-ville de ce nom, et il y a un rappro-chement à faire. Mais M. Collas se-rait-il le colonel ? Ch ! non ; il ne porte plus moustache.

DEUX COUSINES (*Aux*). Magasin de nouveautés, rue Coquillère. La poésie de M. Casimir Bonjour, le jeu fin et délicat de mademoiselle Mante, ne paraissent pas avoir échauffé l'ima-gination du peintre de ce tableau; il est vrai qu'il nous répondra que c'était toujours assez bon pour... une ensei-gne. Un mot sur le magasin. Chut, j'ai entrevu une nuée de commis qui ne paraissent pas très-occupés, et s'il allait prendre fantaisie... Souvenons-nous de leurs exploits au théâtre des Variétés... Silence !

DEUX CHINOIS (*Aux*). M. Drous-saut, marchand de papiers peints, boulevard St.-Martin, n. 8. Les mau-vais plaisans prétendaient que les chi-nois du magasin étaient encore ailleurs que sur l'enseigne. Que voulaient-ils dire par là ?

DÉCORATIONS FRANÇAISES

(*Aux*). M. Héron, mercerie, rue du faubourg St.-Denis, 8. Nous ne connaissons en France que quatre décorations ; la Légion d'honneur, St.-Esprit, St.-Louis, St.-Michel, et M. Héron les a prises pour enseigne ; a-t-il voulu en décorer son magasin, il est répréhensible, les ordres royaux et militaires ne doivent décorer que les talens et la valeur, jamais le fil et les aiguilles.

DAME JEANNE (*A la*). Ulrich, marchand de soudes et potasse, rue Boucherat, n. 10. Ne croyez pas que cette dame Jeanne, soit Jeanne d'Albret, Jeanne d'Arc, ou Jeanne Hachette ; c'est purement et simplement une cruche de verre ou de grès, dans laquelle M. Ulrich introduit ses acides minéraux et son eau de Javelle. Vous voyez donc bien que M. Ulrich est à la fois chimiste et farceur.

DAMES FRANÇAISES (*Aux*). Magasin de nouveautés, rue de Bussy, n. 2. Les Dames françaises suivent toujours la mode, et celles du magasin portent depuis vingt ans au moins la même robe ; si les étoffes du marchand sont aussi vieilles que son enseigne, aussi noires que ces dames , nous ne pouvons en conscience lui prédire de la vogue.

DAME DU LAC (*A la*). Desportes, marchand de nouveautés, rue St.-Martin, n. 257. Si Walter Scott n'avait pas rendu son héroïne plus intéressante qu'elle ne l'est au tableau de cette enseigne , il y a fort à parier que son roman n'aurait point eu les honneurs du théâtre et de la traduction. Ce n'est donc pas la *dame du Lac* qu'il a représentée, mais l'actrice de l'Odéon, mademoiselle Lemoulle , dont la voix est plus fraîche que la figure.

ECLIPSE DE 1820 (*A l'*). M. Bourdillet, marchand de nouveautés , n. 15. *L'Eclipse de* 1820, quelle frayeur a saisi les parisiens ; le soleil allait être aux prises avec la lune ; la terre, qui les empêchait de combattre corps à corps, allait être brisée dans la lutte ; enfin le globe allait être anéanti. Les maris, craignant pour la fragilité de leurs femmes, les avaient mises sous clefs, les maris ne voulaient rentrer dans le néant qu'avec le plaisir que leur promettait le chaos qui devait nous plonger dans l'obscurité.... Pourtant tout s'est arrangé, la lune a dit bonjour au soleil, les maris bonsoir à leurs femmes, à celles-ci les amans ont dit à demain; et M. Bourdillet, sous la protection des uns et des autres, a vu fleurir son commerce, et il fleurira.... jusqu'à la mauvaise saison.... Gardez-vous d'en douter...

ERMITE DE LA CHAUSSÉE D'ANTIN (*A l'*). Caron, chapelier, rue Caumartin, au coin de la rue Neuve des Mathurins. Cette enseigne représente M. Jouy méditant ses *Ermites*, *son franc Parleur*, etc., c'est-à-dire méditant une spéculation littéraire nouvelle; car l'auteur de Sylla est aussi bon marchand que bon poète.

ECRIN (*A l'*). Rue Notre-Dame de Nazareth, n. 15, Gerbaud, fabricant de parures de théâtres. Que de têtes M. Gerbaud a couronnées ! rois, empereurs, sultans, ducs du boulevard du Temple, prenez-en note, c'est-là que s'achètent à bon marché les insignes de votre grandeur. Fiancées de comédie, vous y trouverez aussi vos bijoux; mais surtout priez le fabricant d'être plus adroit que son peintre d'enseigne.

EPI-SCIÉ (*A l'*). Boulevard du Temple, n. 4, débit d'eau-de-vie, etc. Un moissonneur, une faucille à la main, vient de couper un épi, que l'on voit couché sur le sol. C'est un trait de génie que ce calembourg; qu'on ne s'étonne donc plus si le marchand vend de l'*Esprit*; à en juger par l'enseigne, il en possède un fonds inépuisable.

FAISCEAU (*Au*). Baucheron-Primet, armurier, rue de Richelieu, n. 64. Des drapeaux, des glaives, une couronne, enfin tous les insignes de la guerre, voilà ce qui distingue la devanture de cet établissement. Malgré son aspect guerrier, il n'en est pas moins dirigé par un homme très-pacifique.

FABRIQUE DE CHICORÉE (*A la*). M. Million, fabricant, rue St.-Denis, n. 53. A l'œuvre on connaît l'ouvrier; mais quelque pure que soit la chicorée de M. Million, nous avons peine à croire qu'elle égale le café : s'il pouvait nous convaincre du contraire, nous lui souhaiterions volontiers des lettres de noblesse avec son nom en espèces pour armes parlantes ; va-t'en voir....

FARINA. Entrepôt central de la meilleure eau de Cologne, fabriquée à Paris, rue St.-Honoré, n. 333. Cet établissement a pu se passer d'enseigne, puisqu'il est sous la protection immédiate de tous les écussons des primats de l'Europe, et que le tribunal a déclaré que seul il était possesseur de la recette du fameux Paul Féminis, philosophe et distillateur.

FÉNÉLON (*A*). Magasin d'ornemens d'église. Le propriétaire de ce magasin ne pouvait se placer sous un plus noble patronage. Rappeler aux chalands qui viennent le visiter les vertus aimables du pieux et tolérant archevêque de Cambrai, est peut-être une épigramme pour un petit nombre d'individus ; mais pour la plupart c'est une bonne action. Le prélat est représenté au moment où il écrit à Louis-le-Grand une lettre bien connue.

FIDÈLE BERGER (*Au*). Desro-

siers, confiseur, rue des Lombards.
Qui ne connaît ce riche et doux établissement ; c'est-là que l'hypocondre
vient chercher des pistolets en chocolat, que le parrain accourt acheter les dragées du baptême, et que
l'auteur du vingtième ordre apporte
ses charades, ses énigmes et ses rébus.
Afin de conserver son antique vogue,
M. Desrosiers place au jour de l'an des
gendarmes à sa porte. Conseillons à
ses fournisseurs de rébus d'en faire le
sujet d'une sucrerie qui aura pour titre :
La police et les bonbons.

FIDELITE (*A la*). Marie, confiseur
breveté, rue de la Paix, n. 5. Est-ce à
la douleur que cette bergère est fidèle ?
On serait disposé à le croire en apercevant ses yeux langoureux. Hélas ! sa
taille semblerait annoncer qu'elle porte
en son sein le fruit de son amour et de
sa faiblesse ? Nous y voilà, c'est une
victime du sentiment que nous offre
M. Marie, confiseur et capitaliste.

FILEUSE (*A la*). M. Bacon, marchand mercier, rue St.-Denis, n. 80.
M. Bacon ne descend pas du fameux
chancelier d'Angleterre ; mais il n'en

est pas moins utile à l'humanité ; en effet il serait peu facile de vivre de la philosophie, et les culottes et les jupons sont absolument nécessaires ; comment les couserait-on sans fil et où achèterait-on le fil si personne n'en vendait? Les merciers ne sont donc pas moins indispensables que les philosophes, ils ont même sur eux un avantage, c'est qu'ils font moins de bruit.

FILLE D'HONNEUR (*A la*). Rue de la Monnaie, au coin de la rue Boucher. La nièce du marchand de Riga est représentée au moment où elle vient d'écrire au prince qu'elle n'assistera pas à la fête où celui-ci l'a invitée Un peu plus de vertu, un peu moins d'illustration, voilà la moralité du tableau ; mais il est si moral, que notre *Fille d'Honneur* paraît être couverte d'un sac, il n'y a pas jusqu'à l'oncle de Riga qui n'ait l'air d'un fermier de Gonesse ; Damas avait encore plus de noblesse dans son maintien.

FLOTTE D'ANGLETERRE (*A la*). M. Colombel, quincailler, rue de la Barillerie, n. 15. Sur une enseigne de six pieds de long sur un de large, sont représentées huit ou dix machines qu'on est convenu d'appeler vaisseaux; ces vaisseaux sont censés voguer à pleine voile sur un fond verdâtre, qu'on annonce être la mer; il ne reste plus qu'à savoir pourquoi M. Colombel a donné à ses vaisseaux le nom de *Flotte d'Angleterre* plutôt que celle de Hollande, de France ou de Venise; c'est le secret du quincailler : si nous le devinons, nous le dirons.

FLOTTE DU COMMERCE (*A la*). Restaurateur, rue St.-Denis, n. 271. C'est la rade du Hàvre que le peintre a voulu nous représenter; les vaisseaux qui composent la flotte sont fort bien dessinés, le jour qui règne sur le tableau est éclatant. Accourez, amis de la bonne cuisine, mais ne vous arrêtez pas à l'enseigne; entrez dans les salons de la *Flotte*, vous pourrez voyager, assis commodément, de Bordeaux en Auvergne, de Bourgogne en Espagne; Bacchus vous y préservera des rigueurs de Neptune.

FORGES DE VULCAIN (*Aux*). Au coin de la rue de la Barillerie et du marché aux fleurs. Quincailler. Le forgeron de Lemnos est entouré de ses braves et vigoureux *compagnons*. Travaillent-ils pour le magasin ? ce n'est pas présumable ; cependant le nom de Vulcain n'a pas nui à sa réputation, et quand on parle du forgeron des Enfers la maison de quincaillerie vient à l'instant même en mémoire. C'est un beau tableau d'enseigne ; la figure de Vulcain ne manque ni d'expression ni de *chaleur*.

FRANÇAIS (*Théâtre*). rue de Richelieu. J'apperçois Voltaire sous le pérystile du théâtre ; mais où est la façade ? Ha, il faut descendre trois pas. J'y suis. Me voilà entré. La distribution des loges est fort bien entendue ; mais que vois-je ? un orchestre ? Est-ce que l'on chante à ce théâtre ? Oui, quelquefois, dans *la Belle Fermière, le Barbier de Séville, le Mariage de Figaro, Athalie.* Bravo ! Il y a même quelques-uns de ces messieurs qui chantent dans *Andromaque,* mais sans accompagnement.

FRÈRE DE LA CHARITÉ (*Au*). Bilhaud-Mignot, marchand de coton, rue St.-Denis, n. 171. Encore un tableau à coups de brosse, digne d'un

Rubens de centième ordre, mais en faveur de l'intention soyons charitable.

FRILEUSE (*A la*). rue St.-Denis, n. 370. Cachemires et nouveautés. La belle frileuse! Un schall artistement drapé sur d'élégantes étoffes, la fraîcheur de son teint feraient presque désirer que l'été arrivât pour que l'on pût plus facilement entrevoir ses formes.

FUMEUR SANS PAREIL (*Au*). Madame Ternisien, marchande de tabac, vieille rue du Temple, n. 61. Un prétendu sauvage aux cheveux frisés, et vêtu, par décence, d'un pantalon de printannière, a, sur les épaules, un carquois rempli de pipes à fumer. On ne sait ce que l'on doit le plus admirer on du génie du peintre ou de la vérité du tableau.

FUNAMBULES (*Théâtre des*). Avec une corde, des tréteaux, une tente en toile, on se dispenserait d'un emplacement pour le genre qu'exploite la troupe sous la direction de M. Bertrand. C'est pour cela vraisemblablement qu'on a fait si peu de frais pour la cage.

FONTAINE DE L'ÉLÉPHANT (*A la*). Marchand de vin, traiteur, rue St.-Antoine, au coin de la rue du Petit-Musc. En attendant que l'interminable éléphant de la Bastille soit exécuté, le peintre de cette enseigne a cru pouvoir nous en donner l'idée. Je ne connais cette maison que depuis le jour de l'enterrement du général Foy. Après la cérémonie six jeunes gens s'y étaient réunis, et j'ai recueilli ce passage de l'un des orateurs de cette petitetroupe : « Vantez, grands de la terre, disait-il, » vantez le luxe de vos funérailles; » faites jeter en curée au milieu d'un » peuple avide de spectacle quelques » faibles aumônes, je répondrai par » un seul mot : vanité ! mais si vous » avez assisté aux obsèques d'un soldat- » orateur; si ce spectacle imposant » vous touche et vous charme, je vous » dirai alors : soyez justes et vertueux, » les peuples ne seront point ingrats.» (Historique.)

GAITÉ (*Théâtre de la*). Boulevard du Temple. La façade extérieure de cette arène, où les passions romanesques sont remuées à la pelle, n'offre rien de remarquable. L'intérieur en est assez proprement orné, et les places à 15 sous ont des banquettes rembourrées Dieu sait comme.

GÉNÉRAL FOY (*Au*). Rue Poissonnière, n. 44. Le soldat-orateur est à la tribune; son front est surmonté d'un nuage que l'on prendrait pour l'auréole de la Gloire. Le marchand de nouveautés qui s'est placé sous d'aussi nobles auspices était sûr de fixer l'attention publique. Recommandons-lui la loyauté de son patron, pour qu'il attire la confiance générale; mais n'oublions pas d'indiquer à nos lecteurs un ouvrage sous le titre de *Vie, Triomphes et Exploits du général Foy*, qui se débite à la librairie française et étrangère, galerie de Bois, Palais Royal, n. 233 : c'est dans ce petit opuscule qu'ils trouveront les titres que possède Foy à la reconnaissance nationale, et qu'ils se convaincront de la bonne idée qu'a eue le peintre de ce tableau en plaçant le général sur le terrain où il remplissait tous les cœurs de la plus sainte admiration.

GLANEUSE (*A la*). Madame Mirabal, marchande de modes, Palais-

Royal, galerie de Bois, n. 225. La *Gazette des Tribunaux* nous révèle que le fils de cette dame a été condamné à une légère amende parce qu'il s'était permis des voies de fait contre une demoiselle qui avait osé attaquer la réputation de sa mère. Voilà, certes, un fait que la Glaneuse nous saura bon gré d'avoir recueilli, puisqu'il atteste qu'elle a un bon fils et qu'elle a été calomniée.

GOURMAND (*Au*). M. Corcellet, marchand de comestibles, Palais-Royal, galerie du Lycée. Comme il est gros et gras! que sa figure est vermeille! la couleur du bordeaux, dont il a déjà achevé une bouteille, a passé sur ses joues; la poularde truffée qu'il découpe attire toute son attention, il s'enivre du parfum qu'elle exhale. Mais détournez les yeux du tableau, et regardez au-dessous : quel contraste! comme ces curieux ont le ventre plat et les vêtemens larges! leur bouche s'entrouvre de temps en temps; mais c'est pour laisser passer un hoquet. A l'odeur d'ail qui vous assiége vous devinez que les pauvres diables ne peuvent pas seulement se nourrir d'illu sions : la digestion qu'ils ont faite des comestibles de M. Corcelet a été de courte durée; celle du repas de la cuisine bourgeoise les travaille encore.

GRAND MOGOL (*Au*).

Magasin de bonneterie, rue St.-Martin, n. 287. Serait-ce parce que le turban du grand-mogol que représente l'enseigne de ce magasin ressemble à un bonnet de tricot qu'on aurait choisi un aussi puissant seigneur pour orner la façade d'un marchand de bonneterie? ce n'est pas présumable : il est plus juste de penser que le peintre aura choisi, pour poser, un commis de magasin.

GRAND SAINT ANTOINE (*Au*).

Dodat, charcutier, porte St.-Denis. Le compagnon de voyage du bienheureux saint est près de son ami, la tête baissée; il semble chercher la truffe souterraine. Mais son maître : eh bien ! il a porté bonheur au charcutier, et c'est des débris du fidèle compagnon de saint Antoine que vient d'être créée une galerie sans pareille. Puisse maintenant le susdit saint la conserver à l'illustre M. Dodat ! Je dis *illustre*, puisqu'il a inscrit son nom en lettres d'or sur les voûtes de ce monument.

GRAND SAINT MICHEL (*Au*).

M. André Coutant, marchand de nouveautés, rue de la Vieille-Bouclerie, n. 9. Le grand saint Michel est représenté terrassant le dragon ; mais, dans cette lutte, ce qu'aucun peintre n'avait jamais imaginé, celui de M. Coutant l'a osé. Ce n'est plus saint Michel abattant le démon à coups de pique, le foulant aux pieds : ici d'un coup de talon il a crevé un œil au diable ; et qu'on dise que les arts ne font pas de progrès !

GRAND-TURC (*Au*). M. Frémont,

magasin de soieries, rue St.-Honoré, n. 248. Comme tout est changé ! il y a dix ans, à Constantinople comme sur l'enseigne de M. Frémont, le Grand-Turc fumait tranquillement sa pipe et jetait le mouchoir à ses odalisques : il était toujours grand ; mais on dit que les janissaires vont le raccourcir ; grand bien lui fasse ! et l'enseigne, ce sera toujours celle du Grand-Turc.

GRENADIER FRANÇAIS (*Au*).

Delestre, marchand de vin, rue de la Ferme, n. 7. Si cette enseigne n'était pas dessinée au charbon et à l'ôcre rouge, elle nous rappellerait ces vers de Casimir-Delavigne :

On dit qu'en les voyant, couchés sur la poussière,
D'un respect douloureux, frappé par tant d'exploits,
L'ennemi, l'œil fixé sur leur face guerrière,
Les regarda sans peur, pour la première fois.

S'il n'était pas possible à l'ennemi de regarder sans peur nos vieux grenadiers, je défie à l'homme le plus indulgent de regarder cette enseigne sans pitié, et au peintre de la considérer sans honte.

GRAND VOLTAIRE (*Au*). M. Godet, marchand d'estampes, quai Voltaire, n. 21. C'est dans la maison qu'habitait et où est mort ce grand homme qu'est placé le magasin de M. Godet; le buste de son patron en orne la devanture. M. Godet a marché sur ses traces sans s'en douter : il offre aux regards des observateurs une multitude de peintures satiriques de nos mœurs. Voltaire parlait à notre esprit, et M. Godet parle aux yeux.

GROS VOLANT BLEU (*Au*). Rue St.-Martin, n. 214. Fabrique de cure-dents. Cinq ou six jeunes filles sont occupées à tailler de petites plumes; elles le font avec dextérité, avec grâce, et la frugalité de leurs repas a dû souvent leur faire naître l'idée que leurs cure-dents n'étaient pas de première nécessité; car elles ont un râtelier blanc comme ivoire, et ne se permettent pas souvent le bifteck de l'opulence.

GYMNASE DRAMATIQUE (*Théâtre de Madame*). Boulevard Bonne-Nouvelle, entre un limonadier et un pâtissier. Dix toises de façade; monument aussi immortel que M. Scribe.

HOEFFER, cordonnier, rue des Gravilliers, n. 37. Un militaire, qui a plutôt l'air d'un apothicaire que d'un officier, dit en essayant ses bottes : *On chausse bien ici*. Bon Dieu! nous disons, nous, que cette enseigne est ignoble!

HURE D'OR (*A la*). M. Voisy jeune, charcutier, rue des Boucheries-Saint-Germain, n. 5. Une double rangée de boudins et de saucissons forment l'accompagnement de la hure de M. Voisy jeune, c'est-à-dire de celle qu'il a prise pour enseigne, et le tout forme un coup-d'œil vraiment imposant; mais pas autant encore que celui de la boutique : c'est là qu'on peut s'assurer de la vérité de cette légende des charcutiers, que de l'utile animal objet de leur commerce *tout est bon depuis la* (ici est une tête) *jusqu'à la* (ici est la queue).

HORTENSIA (*A l'*). Boutique de cordonnier pour femmes, boulevard Bonne-Nouvelle, n. 15. Il y a cent cordonniers à Paris qui ont pris une pensée pour enseigne ; celui du boulevard, pour se distinguer, a choisi un hortensia; il est vrai que, quelle que soit la différence qui existe entre ces deux fleurs, elles n'ont pas une grande analogie avec des souliers, elles sont inodores. Les souliers...

HOMME DE LA ROCHE DE LYON (*A l'*). Étienne, charcutier, rue Neuve-des-Petits-Champs, n. 5. Bon dieu! qu'ai-je aperçu? Un chevalier cuirassé, dont le front est couvert d'un casque à visière, au milieu des boudins en bois,

des saucisses, des hures en peinture,
emblèmes chers aux gastronomes de
la petite propriété. Mais, se demande-t-on, que fait au milieu des pieds
de cochon ce preux chevalier? Pourquoi cette bourse qu'il offre à tout venant? Or, sachez qu'il y avait autrefois
à Lyon, un certain M. Jean Fléberg,
né en Suisse, au dix-septième siècle,
qui, riche et généreux, dotait de 300 fr.
chaque année, vingt-cinq jeunes filles,
comme de raison, sages; et dans ce
temps là il y en avait beaucoup. Hé
bien! le bienfaiteur est mort; on lui a
élevé un monument dans le quartier
qu'il habitait, et deux fois, la reconnaissance des Lyonnais a relevé le monument que le vernis des temps n'avait
pu conserver. M. Étienne, en se plaçant sous les auspices de Jean Fléberg,
a voulu prouver qu'il était de Lyon;
mais compatriote de l'homme aux bien-
faits, a-t-il hérité des pieuses disposi-
tions de l'homme de la roche? Ceci ne
nous regarde pas; tout ce que nous
pouvons dire, c'est qu'il a une boutique fort appétissante, et une enseigne
riche en souvenirs. Nous oublions de
dire que Louis XVI a ordonné qu'en
mémoire de Fléberg, trois filles sages

seraient encore dotées tous les ans. Allons, jeunes beautés sages et modestes, du courage, on donne encore à Lyon trois prix de vertu.

INCENDIÉS DU BAZAR (*Aux*). Ce tableau d'enseigne sort des ateliers de Vernet. Encore une fois, comme toujours, le talent a soulagé le malheur, c'est l'une de ses premières prérogatives. Comme enseigne, ce tableau est parfait; comme meuble de salon, il pourrait prêter le flanc à la critique; mais gardons-nous d'attaquer d'une plaisanterie ce qui nous rappelle à la fois une calamité et une belle action.

INNOCENS (*Aux*). M. Prot, marchand de papiers peints, boulevard Bonne-Nouvelle, n. 7. Qui ne se souvient des Innocens où Brunet et Potier firent tant rire les Parisiens? c'est une scène de cette petite pièce que M. Prot a pour enseigne; les frères innocentins montés sur un âne ressemblent comme deux gouttes d'eau aux quatre fils Aymon, en sabots, à cheval sur un baudet du Mirebalois; mais M. Prot n'a-t-il pas voulu viser à l'épigramme et faire la satire de tant de ba-

dauds qui s'arrêtent devant sa boutique ?

INVARIABLE (*A l'*). Magasin de
draps , rue Dauphine, près celle d'An-
jou. On demande à M. Levillain-Du-
friche, qui tient ce magasin, ce que
signifie une sorte d'Atlas cariatide,
pour lequel quelque commissionnaire
a sans doute servi de modèle , portant
comme un sac de blé, une sphère céles-
te ; a-t-il prétendu faire entendre que
le prix de ses marchandises n'était pas
moins invariable que le ciel que sup-
porte son atlas des halles ; on ne le
pense guère quand on a lu en lettres
colossales les mots *prix fixe* qui ornent
la devanture du magasin.

IRLANDAISE (*A l'*). Madame de
la Touche, rue Vivienne, n. 17. La
belle personne de l'enseigne est un peu
rêveuse, mais , nobles flaneurs, regardez à travers la montre où sont artistement disposées de séduisantes étoffes,
vous appercevrez des minois bien sé-
duisans. L'enseigne est tout-à-fait l'an-
tithèse du magasin.

JARDIN DES ÉPICIERS (*Au*). Ce
n'est pas le seul cloaque décoré du nom

de Jardin que l'on rencontre au faubourg St.-Denis. Le *Jardin de l'écu*, le *Jardin du Cheval blanc* y existent aussi ; mais on n'aperçoit dans aucuns de ces estaminets, ni épiciers, ni écus, ni chevaux blancs. Ce qui n'empêche pas qu'ils ne soient très-fréquentés, car on y joue la poule à six sous, on y meurt en trois, et on y est rarement *fait au même*.

JEAN BART (*A*). Rue Royale, marché St.-Martin, n. 20. Boutard, marchand de nouveautés. Nous avions jusqu'ici pensé que Jean Bart était vif, emporté comme un marin intrépide. M. Boutard nous en a fait un *fashionable*. Jean-Bart sourit à tout venant ; il ne lui manquerait plus qu'une aune et un habit pincé, pour qu'il fût tout-à-fait conforme à ce que nous en dit l'histoire. Un marchand de tabac de la rue des Prêtres, a choisi le même sujet pour enseigne, et le vieux marin qui sut si bien faire respecter le pavillon français, vient tout récemment d'être cause que deux filoux ont escamoté la montre de l'honnête marchand, de la manière du monde la plus ingénieuse.

JOCKEIS (*Aux*). Calmet, sellier, boulevard Montmartre, n. 14. Les coursiers des deux jockeis joûtent ensemble de vélocité et d'élégance. On prétend que M. Calmet a choisi le plus vigilant pour courir après la fortune, certes il l'attraperait bientôt si la fortune n'avait pour coursiers les vents, et pour guide l'Inconstance.

JOCONDE (*A*). Constant-Ouin, marchand de nouveautés, rue St.-Denis, n. 191. Ce magasin est un bazar parfaitement disposé ; mais l'enseigne, quelle croûte ! Le marchand a certes plus de goût que le peintre.

JUSTE BALANCE (*A la*). Lhanhard-Féron, bijoutier, rue St.-Martin, n. 196. Deux renommées tiennent une balance suspendue, et les plateaux en sont à une égale hauteur. Voilà donc une fois la renommée et la justice qui se trouvent rassemblées. Hélas ! si ce n'était que sur l'enseigne !

LAMPE MERVEILLEUSE (*A la*). Demarais, lampiste, *illuminateur* du gouvernement. N'est-ce pas là un titre comme un autre ? Vous ne saviez peut-être pas, lecteurs, où existait le magasin des réjouissances ? C'est rue de Vendôme, n. 25, au Marais. Maintenant, dites que ce vieux quartier n'a pas suivi le progrès des lumières : c'est là qu'on exploite et que l'on prépare vos clartés et vos joies anniversaires.

LEVER DE L'AURORE (*Au*). Casaubon, plumassier, rue St. Denis, n. 293. L'Aurore aux doigts de rose est dans une pose aérienne, et semble ouvrir les portes de l'orient avec autant de grâce qu'un serrurier manie le rossignol. Le coloris du tableau est légèrement jaunâtre ; l'Aurore a les pieds gonflés comme un goutteux. Ne serait-ce pas plutôt la bonne tante Aurore, que l'amante de Titon ?

LIEN DES NATIONS (*Au*). Rue du Faubourg-Montmartre n. 87, Nouveautés. C'est, on le sait, le commerce qui réunit les différens peuples de la terre. Ce tableau offre donc des marchands des quatre parties du monde : chacun apporte son tribut. Il serait à souhaiter que le peintre eût mieux étudié l'histoire qu'il ne paraît l'avoir fait; car, puisque ce n'est pas seulement le costume qui distingue les peuples des différens pays, comment se fait-il, qu'à l'habit près, ils aient tous la même figure? Du reste, l'idée de ce tableau n'est pas mauvaise; mais le magasin est si éloigné du centre des affaires, qu'il semble réunir plutôt Montmartre à Paris, que la Turquie à la France.

LION D'OR (*Au*). M. Floriet, marchand de vin, rue St.-Denis, n. 371. A l'époque du renversement de la loi des élections, la cave de M. Floriet a été le lieu d'un événement déplorable; un citoyen y fut tué par un cuirassier... Bien des buveurs, en savourant le nectar de M. Floriet, se rappellent cette sinistre anecdote. Une inscription aurait dû en conserver le souvenir; elle aurait appris aux citoyens, que le pot de terre a toujours tort de lutter contre le pot de fer.

LONGUE VUE (*A la*). Gonichon, opticien, place des Victoires. L'instrument de M. Gonichon ne paraît en aucune manière portatif; mais, s'il sert à voir loin, il peut être également vu de très-loin. Imaginez-vous un tuyau de poêle soutenu sur un tréteau, vous aurez une idée parfaite de cette enseigne. Le tout est presque aussi ressemblant que la statue équestre de Louis XIV.

MAISON GOTHIQUE (*A la*). Durosne, distillateur du roi, rue St.-Martin, n. 40. Si on peut appeler gothique ce qui n'est que ridicule, cette maison, vue à l'extérieur, est bien dénommée. Au premier étage on aperçoit au-dessus d'un bas-relief, qui a demandé plus de temps que de talent à sculpter, toute l'histoire des Goths. Ce bas-relief est divisé en trois cadres : le premier est censé représenter *l'origine des Goths*, le second la *trahison de Stilicon*, et le troisième *les Goths chassés de Rome*. Nous nous sommes demandé en vain quel rapport il y avait entre les Goths et un distillateur ? M. Durosne ne le sait peut-être pas lui-même, mais en revanche il sait combiner d'excellentes liqueurs, et faire un bon usage de ses *esprits*.

MAISONS DE JEU. Au Palais-Royal, les nᵒˢ 9, 113, 129, 154, rue St.-André-des-Arts, n. 59, rue de Richelieu, à Frascati, rue Grange-Batelière, au cercle des étrangers ; rue de Favart, n. 29, on aperçoit des fanaux rouges et lugubres. Ce sont autant de lieux où les mœurs se dépravent, que la folie stipendie, et auprès desquels devraient être placés des gibets ou des morgues. Passons-y rapidement, et gardons-nous de suivre ceux que nous en voyons descendre pour n'être pas témoins d'un excès ou d'un crime.

MANTEAU D'HERMINE (*Au*). Magasin de fourrures, rue des Fossés St.-Germain-des-Prés, n. 17. La blancheur de l'hermine a disparu, et ce manteau n'est plus qu'un manteau de toiles d'araignées. Peaux de lièvre et de lapin, de renard ou de belette, le marchand en vend à tout le monde. D'aucuns font une grande consommation des deux dernières, et nous conseillons aux fourreurs de limiter leur commerce à ces deux branches, les peaux de renard sont très à la mode.

MARIE STUART (*A*). Nouveautés, rue St.-Denis, n. 392.

» Si le ciel était juste, indigne souveraine,
» Vous seriez à mes pieds... et je suis votre reine.

M. Le Brun a eu les honneurs de l'enseigne et de la parodie, *Marie Stuart* eut ceux de la persécution. Le peintre de ce tableau pouvait donc bien avoir aussi les honneurs d'une notice ; puissions-nous avoir ceux de la lecture, et le marchand jouir des honneurs et des avantages attachés à la faveur publique.

MASQUE DE FER (*Au*). Rue Coquilière, à l'angle de la rue du Bouloi. On a écrit bien des fables sur le personnage qui a fait le sujet de ce tableau. Dans la crainte de ressembler à tout le monde, nous nous bornerons à dire que le peintre a bien fait de ne pas cacher la figure de son personnage, parce qu'elle est gracieuse ; donc aussi nous ne comprenons pas trop où il aura pris le modèle.

MÉDECINS FRANÇAIS (*Aux*). Parissot père, marchand de draps, rue St.-Martin, n. 262. Le dévouement dés médecins à Barcelone a fourni l'idée de ce tableau d'enseigne. On y aperçoit l'un d'eux soutenant un Espagnol qui paraît si bien portant qu'on serait tenté de l'inviter à se relever lui-même. Dans le lointain des femmes, des enfans expirans ou morts. Le fond de ce tableau ressemble presque à une morgue.

MÈRE DE FAMILLE (*A la*). Gaudy, bonnetier, rue du faubourg St.-Denis, n. 8. Par ma foi, c'est la première enseigne de la *Mère de famille* qui ait un tableau. Madame Debierne, mercière, rue du Helder, boulevard des Italiens, s'est également placée sous le giron de la *Mère de famille*; mais elle n'a pas cru devoir nous donner le portrait de cette bonne mère. M. Gaudy a cru devoir le faire; mais comment M. Gaudy se dit-il la *Mère de famille*, il est donc ou marié ou hermaphrodite.

MITRE (*A la*). Il ne s'agit ici que de mitres de cheminées, pour lesquelles M. Fougerol, rue de la Vieille-Draperie, n. 8, a obtenu un brevet. Il n'est point de monument auquel l'inventeur des mitres ne prenne part; et plus heureux que tous les autres, il brille au haut des monumens : ce qui a fait dire à un mauvais plaisant que sa réputation, toute noircie qu'elle pouvait être, n'en était pas moins très-élevée.

MÂT DE COCAGNE (*Au*). Rue des Morts, n. 44. Achille Conda, marchand de vin. Hélas! instabilité des choses humaines. Jadis cette enseigne décorait la façade d'un marchand de nouveautés, rue St.-Denis; maintenant elle a passé des mains d'un brocanteur entre celles d'un marchand de vin. Une foule d'audacieux y sont représentés luttant de force et de persévérance pour atteindre les prix de Cocagne. Tous les yeux se dirigent vers le mât, et si le tableau était mieux fait, le marchand de vin mieux placé, tous les yeux et tous les épicuriens se dirigeraient vers sa boutique. Mais la rue des Morts! éloignons-nous, c'est le chemin du père La Chaise.

MOINE SAINT-MARTIN (*Au*). Marché St.-Martin, M. Prévost, bonnetier, vend bien autre chose que des capuchons; il exploite les chaussons, les gilets de flanelle, les bas à mollets. Entrez, vous trouverez chaussure à votre pied, mais invitez-le à vous mieux fournir que ne l'a fait son peintre d'enseigne, car son moine a déjà plusieurs reprises à sa chaussure.

MONTAGNES RUSSES (*Aux*).

Thivier, marchand de draps, rue Neuve des Petits-Champs, au coin du Perron. M. le drapier demeure au premier étage, ces montagnes sont au-dessus de la boutique d'un pâtissier : il aurait dû peut-être, pour achalander son magasin, s'entendre avec lui, changer l'escalier en une véritable montagne. Ainsi, le fashionable, après avoir fait emplette d'un habit, eût pu trouver le pâtissier à la mode, et le char de l'opulent à cinquante cent. la course.

MONT-BLANC (*Au*).

Marchand de vin traiteur, rue St.-Lazare, en face celle de la Chaussée-d'Antin. On ne passe jamais en face cette maison les dimanches et les lundis d'hiver sans entendre un orchestre bruyant exécuter de bruyans airs ; c'est le caporal de la troisième du second qui régale la cuisinière de la *Petite-Pologne* et de la rue St.-Lazare de deux contredanses et d'un litre à 16. C'est la Courtille de la Chaussée d'Antin. Et le tableau ? Et le *Mont-Blanc ?* Le tout ressemble à une sauce blanche jetée sans art sur une plaque de fonte de cheminée.

MOUTON BLANC (*Au*). M. Alban, bijoutier, quai Le Pelletier, n. 10. Pourquoi M. Alban, au lieu de prendre pour enseigne un mouton blanc, n'a-t-il pas pris un mouton rouge? tout le monde aurait cru qu'il avait retrouvé un de ces fameux animaux que le bon Candide exporta d'Eldorado. A propos d'Eldorado, c'est un bon pays; les voyageurs qui l'ont visité prétendent qu'on y trouve l'or et les diamans dans les chemins comme chez nous les pierres; il est sur la route de Paris à Charenton.

MOUTON D'OR (*Au*). M. Cervoise, chaudronnier, rue de St.-Onge, n. 8, au Marais. Le patron de cette enseigne n'a pas besoin d'être étamé; l'or, on le sait, est inaltérable : mais pour conserver l'agneau sans tache, M. Cervoise le surmonte d'un parapluie chinois. Bravo!

MORTIER D'OR (*Au*). Dubail, pharmacien-droguiste, rue des Lombards. Purgatifs au rabais, pilules d'occasion, loochs à bas prix, consultations gratuites, voilà tout ce qu'offre ce vaste répertoire des produits médieaux des trois règnes de la nature. Si ce n'était pas une calamité que d'avoir besoin du secours de M. Dubail, nous conseillerions à tous nos lecteurs de le visiter, ne fût-ce que pour voir un homme universel, des drogues, et un mortier fait de main de maître.

NÉGRESSE (*A la*). Fieffé, lingère, rue St.-Honoré, n. 285. Vous qui cherchez vos voluptés dans l'ébène, je vous donne une adresse précieuse; cependant ce n'est point un magasin de deuil, et pour le prouver, lisez sur les angles de la boutique, layettes, corbeilles de mariage : il n'est nullement question de linceuil; et quand madame Fieffé a commandé son enseigne, elle n'a eu d'autre intention que de faire ressortir la blancheur de ses tissus; mais le temps a mis en harmonie les tissus de l'enseigne avec le teint de la *Négresse.*

NINON (*A*). Boulevard Poissonnière, n. 14. Farot, marchande de corsets. Cette enseigne n'est qu'un portrait, et les dames de la cour de Louis XIV n'auraient point autant jalousé la belle de Lenclos, si elle eût ressemblé au portrait que nous recommandons aux remarques des amateurs des beautés antiques.

NŒUD GORDIEN (*Au*). Magasin de nouveautés, Palais-Royal, galerie de pierre, n. 233.

Du nœud gordien vous connaissez l'histoire,
    Un conquérant sut le trancher,
Bien plus adroit que lui, vous aurez plus de gloire
    Si vous savez le former.

C'est ce que dit la demoiselle de boutique peinte sur l'enseigne, à un élégant jeune homme qui achète une cravatte : on lit dans les yeux de celui-ci sa réponse :

Ah ! ce n'est pas le nœud que je veux savoir faire,
C'est à ton cœur, Zoé, que j'aimerais mieux plaire.

Vers pour vers, les bons sont rares au Palais-Royal, mais le sentiment c'est autre chose.

OBSERVATEUR DES MODES (*A l'*). M............, chapelier, boulevard des Italiens, n. 11. Certes, M. le chapelier est modeste; d'autres se disent inventeurs des modes, il n'est qu'observateur ; toutefois il en résulte que son magasin est curieux : depuis le lampion du sulpicien jusqu'aux petits chapeaux à la Bonaparte ; depuis le claque jusqu'à l'indépendant, tout s'y trouve ; on voudrait l'oublier, mais on se souvient toujours de la jolie chanson de notre Horace : *Vieux habits , vieux galons !*

ODÉON (*Théâtre de l'*). A merveille ! belle exposition. Monument impérissable. Mais pourquoi cette immense loge dans l'intérieur? On a bâti la salle pour la loge. Bravo !

OPÉRA-BUFFA (*théâtre italien*). Place des Italiens. A la bonne heure, au moins voilà une façade ; mais qu'appercois-je derrière les colonnes? Quelle est cette construction ? Sont-ce des boutiques ? Eh non ! pourquoi gâter une aussi belle colonnade? *Demandez-le à Lazarille.*

OPÉRA COMIQUE (*Théâtre de l'*). Passage Feydeau ; la porte d'entrée est contiguë à celle d'un décroteur à la séance. Cariatides en plâtre, tout cela est élégant. *Marie, Emma, le Maçon, la*

Dame blanche, opéra comiques où l'on pleure.

OMBRELLE A LA JOCKO (*A l'*). Dagès, fabricant de parapluies, etc., rue de la Chaussée-d'Antin, n. 4. Depuis que Mazurier a élevé la bête à la hauteur de l'homme, ou plutôt depuis qu'il a ravalé l'homme jusqu'à la bête, une foule de marchands de Paris ont placé leurs magasins sous les auspices des animaux.

ORIENTAUX (*Aux*). Magasin de papiers peints, boulevard des Italiens, n. 15. MM. les marchands de papiers peints ont tous pris leur enseigne aux lieux d'où nous vient la lumière. L'un est sous le patronage des deux Chinois, un autre sous celui des deux Indiens. Le marchand du boulevard des Italiens préfère les Orientaux. Tant pis pour lui s'il comptait sur la pratique des Janissaires : Mahmoud a détruit ses espérances. Vite une plainte en abus de confiance.

PANTOUFLE VERTE (*A la*). Salles, rue de Richelieu, en face le théâtre Français. Le prince Miriflor était jadis possesseur d'une pantoufle qui ne pouvait servir qu'à la seule Cendrillon; M. Salles en a pour tout le monde, et son assortiment est tellement complet, que, sans être prévenu à l'avance, il chausserait le duc, le marquis, la petite et la grande propriété.

PARADIS TERRESTRE (*Au*). Deslandres, confiseur, rue Montorgueil, n. 21. Adam et Eve, nos premiers pères, sont là, peints sur cette enseigne. Ah! s'ils ressemblaient à l'enseigne, qu'on ne nous dise plus que la génération a dégénéré, car ils sont si laids, si laids! Venez plutôt y voir, amateurs de gelée de groseilles à 16 sous la livre.

PARISIENNE (*A la*). Magasin de lingerie, rue St.-Denis, n. 289. Un tableau de deux pieds carrés, représente une jeune femme qui ne ressemble pas plus à une parisienne qu'à une anglaise. Jetons un coup d'œil dans le magasin; les véritables Parisiennes se dissimulent, mais elles sont jolies, et ont l'air sages comme on l'est à Paris. Nous ne nous sommes pas trompé.

PAUVRE DIABLE (*Au*). Rue Montesquieu, au coin du passage. Un jeune homme, dans la figure duquel on aperçoit une sorte de distinction, bien qu'il soit sous la livrée de l'indigence, paraît supplier une jeune fille. Que lui demande-t-il? ses faveurs? Non, non; mais sa bienveillance. C'est également celle du public que réclame le marchand de nouveautés, et la bonne foi avec laquelle il le sert doit la lui garantir.

PAYSAGE (*Au*). Lingerie, rue St.-Martin, n. 144. Madame Villeret a vraisemblablement pris pour enseigne un devant de cheminée; du moins, son tableau en a toute l'apparence. Mais en revanche son magasin est bien meublé et bien fréquenté, c'est là l'essentiel.

PÊCHEUR DE SANGSUES (*Au bon*). Un beau monsieur a l'œil fixé sur un sac que développe un pêcheur de sangsues. Il y a du génie dans cette enseigne; elle a surtout le mérite de la nouveauté; l'établissement est situé dans une rue nouvelle, la rue Chabrol, près [illegible] nous en reparlerons à l'occasion.

Enfin, pour se mettre tout-à-fait à la mode, le propriétaire de cet établissement a cru devoir faire une déclaration au tribunal de commerce.

PETIT MATELOT (*Au*). Quai et île St.-Louis. Delagrange, marchand de nouveautés. C'est un jeune marin qui se recommande à la providence. M. Delagrange n'a plus besoin de s'y recommander, sa fortune est faite; mais son enseigne est à refaire.

PÉLERINE (*A la*). Magasin de mercerie, rue St.-Honoré, n. 275.

> Allez au magasin
> Faire un pélerinage,
> Une fillette sage
> Sourit au pélerin.

Ces vers sont une parodie de la fameuse romance qui a couru les rues de Paris il y a quelques années; mais c'est cette romance qui a fourni l'enseigne de la mercière, qui fait courir toutes les couturières, les brodeuses et les lingères après son bon coton et son bon galon. On rencontre cependant plus d'une pélerine dans la rue St.-Honoré; mais ce n'est pas au n. 275 qu'elles portent leurs offrandes.

PÈRE NOÉ (*Au*). Lissoty, rue Mandar, n. 6, marchand de vin. Cette enseigne représente le père de Cham, Sem et Japhet à la sortie de l'arche. Il est ivre; mais ivre de revoir le jour, car déjà le corbeau, par son absence, est venu lui annoncer que les lois de la gravitation avaient enfin permis que les eaux reprissent leur cours. Mais, est-ce là ce qu'a voulu nous dire M. Lissoty? Non; l'intérêt de son commerce lui a bien plutôt fait penser qu'on en tirerait cette conséquence, que

Tous les méchans sont buveurs d'eau.

Accourez donc, et buvez à longs traits, M. Lissoty vous en tiendra d'autant plus sages.

PERLE (*A la*). M. Despréaux-Saint-Sauveur, marchand d'étoffes pour meubles, rue Neuve-des-Petits-Champs, n. 35. Une perle de deux pieds de diamètre orne l'enseigne de M. Despréaux; si les étoffes qu'il vend ont des dimensions pareilles, eu égard aux perles et aux étoffes ordinaires, ceux qui disent que M. Despréaux fait sa rhétorique et abuse de l'hyperbole, seront joliment trompés.

PERRUQUIER-COIFFEUR. Lambert, rue Notre-Dame-de-Nasareth, n. 28. Encore un nouveau Poinsinet; lisez plutôt sur les deux lozanges de la boutique. Sur l'un est écrit :

Vous satisfaire est ma loi
Pour vous attirer chez moi.

Et sur l'autre :

Aux dames, par mon talent,
Je veux être un aimant.

Bravo! pâles ombres de l'auteur tragique du Tremblement de terre de Lisbonne. Il semble qu'il appartienne aux perruquiers d'être à la fois artistes, savans et littérateurs. Un M. Binant, rue Boucherat, n. 4, n'a pas craint de faire un substantif d'un adjectif. On lit sur sa devanture : *Postiches en tous genres.* Avis aux académiciens.

PETITE JEANNETTE. (*A la*)

M. Nicolas jeune, marchand de nouveautés, boulevard des Italiens, n. 3. Jeannette a cassé ses œufs ; ses espérances sont évanouies, elle est Jeannette comme ci-devant. M. Nicolas au contraire n'a pas voulu rester Jeannot ; son magasin est un des mieux achalandés de Paris, et qui ne va pas consoler Jeannette, n'est pas à la mode. A quoi tient la fortune !

PETITES DANAÏDES (*Aux*). Potier, confiseur, boulevard St.-Martin, n. 57. Il eût été peut-être préférable de mettre *au Père sournois*, car c'était là l'emploi de Potier dans les Petites Danaïdes. Mais le confiseur, qui ne tue personne, puisqu'il affriande tout le monde, n'a pas voulu qu'il y ait confusion. Seulement, pour offrir autant d'harmonie que possible, son peintre d'enseigne a donné au tableau la teinte chocolat.

PETIT MOULIN A VENT (*Au*). M. Joreau, horloger en bois, rue des Coquilles, n. 10. Les élèves des Breguet et des Lepaute dédaignent les enseignes : le nom de leur maître leur en tient lieu, et suffit pour attirer les chalands. Il n'en est pas de même des horlogers en bois : chez eux tout va par poids et par mesure, et de tout le magasin de M. Joreau le vent ne fait tourner que son moulin.

PETIT PETRO (*Au*). M. Voisin-Tassard, magasin de mercerie, rue St.-Denis, n. 150. Savez-vous l'histoire du Petit Petro? c'était un berger bien amoureux d'une bergère, et qui, après avoir prouvé sa fidélité par quinze ou vingt ans de constance, obtient enfin la main de son amante. Il est probable que Petro faisait de nombreux cadeaux de fil, d'aiguilles et de rubans à sa bergère : sans cela M. Voisin l'aurait-il pris pour enseigne? Bergers de la rue Trousse-Vache, courez chez lui : il vous vendra à bon compte les petits présens d'utilité que vous avez à faire à vos bergères de la rue Transnonain et du Pet-au-Diable.

PYGMALION (*A*). Rue St.-Denis, au coin de la rue de la Heaumerie. Nouveautés. La pudibonde Galatée laisse tomber une main boursoufflée, tandis que de l'autre elle cache les nudités de son sein, et Pygmalion, qui ressemble à s'y méprendre à un figurant de mélodrame, paraît amoureux de tout cela. O Jean-Jacques, réveille-toi! accours visiter la statue que ta prose anima; mais tu détournerais les yeux et tu l'écrirais: Le peintre n'a pas voulu me comprendre!

PILOTE (*Au*). M. Clavé, quincailler, rue de Seine, n. 79. Est-ce sous les auspices d'un bon pilote que M. Clavé a placé la nacelle qui porte ses espérances, ou en est-il lui-même le guide? L'honneur et la bonne foi sont les meilleurs pilotes qu'un marchand puisse prendre avec soi : il arrive au port en dépit des tempêtes.

POLICHINEL VAMPIRE (*Au*). Rue St.-Martin, en face le Conservatoire. Magasin de nouveautés. Ceux qui n'ont pas vu au théâtre de la Porte St.-Martin l'étonnant Mazurier, n'y perdront guère s'ils vont rendre visite au magasin que nous citons. Trois ou quatre commis ne répéteront pas, à la vérité, les gestes et les gambades merveilleuses de l'enfant de la Garonne; mais leurs manières apprêtées, la copie qu'ils essayent de l'élégant petit-maître leur offriront un spectacle d'autant moins coûteux qu'ils s'y fourniront, en s'amusant, de marchandises de bonne qualité et d'un prix peu élevé.

M. PIGEON (*A*). Magasin de nouveautés, rue de Seine-Saint-Germain. Voyez quel air martial respire ce vénérable membre de la Garde nationale! Avec son habit tabac, son sabre et sa giberne en bandoulière, son fusil sur l'épaule, et sa tête frisée comme celle d'un chantre de paroisse aux jours de fête, et que surmonte un chapeau à la tranche-pic, il va affronter les ennemis.....de la tranquillité publique. Sa femme, timide et craintive, aura peur; mais les gardes nationaux veillent réciproquement à la sûreté de tous. Qui sait si le sergent lui-même n'abandonnera pas le lit de camp où repose un peu durement M. Pigeon!.....Le lendemain celui-ci verra les curieux rire à ses dépens : que lui importe pourvu qu'ils achètent!

PORTE SAINT-HONORÉ (*A la*). Commerce de vins. On a peint, sur la porte du marchand, la porte St.-Honoré. Puisse son vin ressembler plus au jus de la treille que son enseigne n'offre l'image de la porte St.-Honoré! Notre philosophie, toute cynique qu'elle puisse être, ne nous a pas permis de nous en assurer.

PORTE SAINT-MARTIN (*Théâtre de la Porte-Saint-Martin*). Salle immense, belles décorations, façade plus large qu'artistement dessinée. Mazurier, M. Cooke, Jocko, le Monstre, c'est autant de raretés dignes de parcourir les foires.

PRESSE ROYALE (*A la*). Certain, imprimeur, rue St.-Denis, n. 317. Un vigoureux imprimeur est représenté serrant une presse assez mal dessinée. *L'impression* qu'il fait éprouver n'est certainement pas celle de l'admiration, malgré ses bras nerveux et sa taille douce; car, pour que vous le sachiez, c'est un imprimeur sans caractère que M. Certain.

PROVIDENCE (*A la*). Duval, boulanger, rue du Faubourg-St.-Honoré, n. 40. Bien des marchands se sont, à Paris, confiés à la Providence; mais personne autre que M. Duval ne s'est encore permis de la personnifier. Il en a fait un petit homme qui se promène au milieu d'un champ de blé, que l'on prendrait pour une palissade. Controversistes, et vous athées, qui niez l'existence de Dieu, allez au faubourg St.-Honoré, M. Duval en a compris l'essence et la représentation.

PUCELLE D'ORLÉANS (*A la*). Plusieurs marchands ont pris cette héroïne pour enseigne, entr'autres un marchand de vin, rue du Faubourg-St.-Martin, n. 3, et un marchand de nouveautés de la rue St.-Honoré. Qu'a de commun la Pucelle avec le litre et la finette ?

QUATRE SAISONS (*Aux*). Magasin de papiers peints, rue St.-Denis, n. 126. Si nous connaissions le propriétaire de ce magasin nous le livrerions au public, sûrs qu'il obtiendrait au prochain concours le premier prix de peinture. Que de génie dans son enseigne ! quelles allégories délicates ! et surtout quelle simplicité ! Une femme, chargée de fleurs, représente le printemps ; une seconde, couronnée d'épis, personnifie l'été ; une troisième, répandant des fruits, est l'automne ; et la quatrième, auprès d'un bon feu, représente l'hiver. Ajoutez à cela des emblèmes assortis, et dites qu'il n'y a pas de génie dans la rue St.-Denis !

RENOMMÉE (*A la*). Jacquot, sellier, rue du Bac, n. 28. La Renommée est montée, à poil, sur un cheval de foire. Certes, si tous les cavaliers montaient à cheval sans bride et sans guides, à quoi servirais-tu, Jacquot ?

REINE MATHILDE (*A la*). Rue Feydeau, n. 17, soieries, plumes, fleurs, etc. C'est de l'opéra de *Joconde* que le peintre a tiré cette princesse : aussi a-t-elle toute la distinction et la noblesse des reines d'opéra comique. Combien elle eût été plus attrayante si, au lieu de l'habiller avec un pinceau, on eût confié à la maîtresse du magasin le soin de l'orner des plumes, des fleurs et des broderies que nous venons d'appercevoir dans ce boudoir commerçant !

RELIGIEUSE (*A la*). Rue St.-Lazare. n. 72. Madame Armand, lingère.

Une religieuse triste et mélancolique, pâle, livide et décharnée, s'occupe à filer; d'une main elle tient un fuseau, et de l'autre une quenouille. Certes, si le magasin et les demoiselles qui le meublent n'étaient pas plus attrayantes que la sainte fileuse de l'enseigne, il y a gros à parier qu'il serait loin de faire vogue; mais quelle différence! madame Armand vend aiguilles, épingles, etc., et son mari est inscrit sur la liste des avocats sans cause.

RÉVEIL MATIN (*Au*). Delmar, traiteur, rue des Cordiers, n. 9. C'est l'un des cadrans bleus du quartier St. Jacques. Comme on le conçoit bien, ce réveil-matin est un coq dont le bec entrouvert annonce à l'ouvrier vigilant qu'on *trempe la soupe à 9 heures*; mais quelle soupe, grand Dieu! et quel maître d'armes il faudrait pour lui crever un œil!

ROCHER (*Au*). Lender, marchand de vin, rue Basse-St.-Denis, n. 22. A l'extérieur, les roches couvertes de neige du mont St.-Bernard; dans la boutique, une fabrique de terre cuite qui représente des cailloux et de grottes, ne font guère deviner l'idée de M. Leudet. Son architecte, interrogé, nous a répondu qu'il manquait aux deux rochers un Bacchus faisant jaillir du vin avec son tyrse. N'est-il pas étonnant que l'artiste ait fait ce singulier oubli? Il a peut-être pensé qu'on ne sentirait pas l'allégorie : il est si difficile de nos jours d'obtenir du vin à coups de bâton!

ROI CLOVIS (*Au*). Gaucherot, marchand de vin, rue Descartes, au coin de celle St.-Victor. Le premier roi chrétien était sans doute bien éloigné de penser qu'un jour un cabaret à la face duquel il sera apposé deviendrait le rendez-vous d'une réunion de conspirateurs sans but : c'est pourtant ce qui est arrivé, et les archives de la cour d'Assises sont là pour le dire. Tout ceci n'empêche pas que M. Gaucherot, ancien sommelier de Napoléon, ne vende d'excellent vin, ne soit un bon citoyen; mais est-ce à son enseigne qu'il doit sa réputation? je ne le crois pas.

ROI D'ANGLETERRE (*Au*). M. Félix Rousseau, marchand de tuls, rue Vivienne, n. 11. Quel roi que le roi de M. Félix Rousseau, quelle noblesse dans ses traits? c'est le garçon de boutique du magasin qui a servi de modèle; on l'a revêtu du costume d'un héraut d'armes du petit théâtre forain du Luxembourg; et cet ignoble tableau est en face des *trois Sultanes*. M. Félix Rousseau n'est pas un démon tentateur.

ROI DE CŒUR (*Au*). On sait que cette figure du jeu de piquet se nomme Charles. C'est une excellente idée qu'a eue là le tailleur du Temple, car tout le monde sait que Charles est un roi de cœur.

SAINT-DENIS DE LA CHATRE (*A*). M. Maillot, marchand de nouveautés, rue de la Juiverie, n. 21. À coup sûr M. Maillot est bérichon, et en prenant *Saint-Denis de la Châtre* pour patron, il a voulu rendre hommage à sa ville natale; nous le présumons du moins. Amateurs du luxe et des futilités, ne courez point à *Saint-Denis de la Châtre*, ses étoffes de toute espèce sont recherchées pour leur solidité, et la mode n'en diminue jamais la valeur.

SAINTE-GENEVIÈVE (*A*). Dumont, place de la Pointe St.-Eustache, n. 2. Quoique l'on ait placé la sainte entre des inscriptions de beurre, d'œufs et autres comestibles, il n'en est pas moins vrai qu'elle paraît y avoir jeûné, car elle est bien pâle et bien chétive. En terminant, prévenons les lecteurs susceptibles que nous n'entendons ridiculiser qu'une grossière ébauche, et non plaisanter avec la patrone sous l'invocation de laquelle la restauration est venue replacer le Panthéon.

SAINT-CRÉPIN (*A*). Boutique de cordonnier, rue St.-Honoré, n. 242. En province, les cordonniers ont soin de garnir leur boutique de l'image du bienheureux *saint Crépin* leur patron, et de placer à côté d'elle, pour lui servir de pendant, celle d'*Isaac Laquedem*, autrement dit le Juif errant, ci-devant cordonnier à Jérusalem. La boutique du cordonnier de la rue St.-Honoré est ornée à l'extérieur du portrait du saint. Il est représenté le soulier sur le genou et l'alène à la main : une nuée s'entr'ouvre derrière lui pour laisser passer l'esprit qui va l'animer. Si son disciple a profité de ses bonnes grâces, il est sans contredit le meilleur cordonnier de Paris ; demandez à ses confrères.

SAINT NOM DE JESUS (*Au*). Le fameux monogramme de la société IHS accompagne toujours ces mots : courage, messieurs les boutiquiers, mettez-vous sous les bannières de Loyola, si Dieu lui prête vie elle ira loin, et vous ferez votre chemin à la suite. *M. Camus, bonnetier, Vieille rue du Temple*, n. 62, a obtenu sans doute, s'il ne les a déjà, les bonnes grâces de la compagnie ; ses armes ornent le devant de sa boutique. Il fournira les bonnets de coton et les bas de laine qui doivent tenir chauds les pieds et la tête des ignaciens ; un épicier de la rue Mouffetard leur vendra les huiles, un bijoutier du Palais-Royal les croix et les anneaux ; courage donc, courage, mais gare la débacle.

SAVANT PERRUQUIER (*Au*). M. Chatelet, coiffeur, rue St.-Jacques, n. 121, n'a point pris d'enseigne ; mais son érudition nous fait une loi de décorer son salon de cette grande épithète : jugez-en lecteur. Sur la devanture on lit après une inscription grecque.

Et puis *hic fingit solers hodierno more Capillos, dexteraque manu novos ars addit honores.* Tout ceci n'empêche pas que M. Chatelet, unissant la philosophie à l'érudition, n'annonce se contenter de 5o cent. pour la coupe des cheveux, y compris la frisure.

SERMENT (*Au*). Baratte, marchand de nouveautés, rue St.-Denis, n. 4o8. Mademoiselle Percalle reçoit le serment de trois élégans commis, qui, nouveaux Horaces, jurent, l'aune à la main, sur une colonne d'étoffes, on ne sait trop quoi. Un transfuge de ce bazar vient de nous assurer que c'était d'exercer leurs nobles doigts à raccourcir sur l'étoffe la longueur démesurée du sceptre qu'ils tiennent entre leurs mains.

SIMONEAU DE LIVRY. C'est un pédicure qui, à défaut d'enseigne, a garni la rue du Petit-Reposoir, du n. 2 au n. 1o, d'une immense quantité de placards, où il annonce qu'il est à toutes les heures de la journée à Paris et à Versailles, et qu'il y extirpe cors, ognons, durillons, etc. Des princes, des généraux, des chevaliers sont inscrits sur des tablettes authentiques, certificats de capacité de M. le pédicure. Mais prenez-y garde, gens affectés d'*ognons*, M. le docteur annonce que le prix de leur extirpation coûtera le double de celui qu'il demande pour la guérison des cors et durillons.

SOLDAT LABOUREUR (*Au*).

Lefebvre-Nouat, rue St.-Denis, n. 110, magasin de nouveautés. Si cet établissement avait autant de vogue que le vaudeville qui a fourni l'idée de ce tableau, la fortune du marchand serait bientôt faite. A tout événement il doit réussir, car il s'est placé sous les auspices d'hommes qui ont compté plus d'une brillante conquête.

SOLEIL D'OR (*Au*).

M. Longuet, marchand de papier, rue de la Verrerie, n. 47. Un vieux proverbe nous dit que le soleil luit pour tout le monde; celui de M. Longuet ne brille guère. Sans doute qu'il concentre ses rayons à l'intérieur pour vivifier davantage le commerce du papetier : heureusement le papier n'est pas de l'amadou.

SOLITAIRE (*Au*). Malard, marchand de nouveautés, rue du faubourg St.-Denis, n. 68. C'est à M. Ferry, ancien propriétaire de cet établissement, qu'appartient l'idée première de cette enseigne, c'est-à-dire que c'est à M. d'Arlincourt qu'il l'a empruntée ; mais le peintre a agi d'après ses propres inspirations : son solitaire est en bonne compagnie ; Elodie, la vierge d'Underlach, est près de lui ; à les voir on dirait de deux jouvenceaux arrivés de Montmorency par les céléri-fères.

SOMNAMBULE (*A la*). Mademoiselle Barbot, lingère, rue St.-Honoré, n. 242. Une jolie fille qui dort tout debout sert d'enseigne à mademoiselle Barbot ; que n'est-elle vivante au lieu d'être croûte, ce serait un meuble précieux pour sa maîtresse, surtout si au lieu de danser et de chanter comme la Somnambule du Vaudeville, elle cousait et brodait.

TAMBOUR-MAJOR (*Au*). M. Blaise, marchand de vin, rue du faubourg St.-Denis, n. 56.

Les tambours et les tambours-maîtres,
C'est encor de fameux vainqueurs.

M. Blaise pourrait parodier ce dernier vers en mettant buveurs à la place de vainqueurs : comme il n'a pas dit de quel régiment était son *Tambour-Major*, nous pensons qu'il appartient à la légion de son arrondissement. Tous les méchans sont buveurs d'eau, le tambour est un bon enfant.

TEMPLE DE BACCHUS (*Au*). Lécuyer, marchand de vin, rue d'Ulm, n. 4. Qu'on se figure Bacchus endormi, environné de magots qui ne ressemblent en rien à tous les puissans personnages de l'empyrée mythologique. Un comptoir bien garni de brocs, sur lequel jadis on a dit la messe, une rue déserte, et cependant des buveurs : on connaîtra cet établissement en entier, et puis, sans effort de méditation, on se demandera comment ont pu se réunir la rue d'Ulm, Bacchus, et les débris d'un maître-autel.

TEMPLIERS (*Aux*). Rue Feydeau,

n. 16, Michalon, coiffeur, parfumeur, etc. Le grand-maître de cet ordre célèbre est majestueusement debout comme un pédagogue qui inflige une punition, et il paraît si peu faire attention au pauvre diable qui le supplie à genoux, que vraiment on se fâcherait presque contre lui : heureusement que le maître de la maison, par sa politesse, indemnise largement les nombreux amateurs de l'eau merveilleuse de Cologne qu'il prône et qu'il débite.

TOILETTE DE PSYCHÉ. (*A la*).

Rue Sainte-Croix-de-la-Bretonnerie, n. 5, Dautan coiffeur. Les *Psychés* de la rue Bar-du-Bec et de la Grève, accourent en foule apporter leurs beaux cheveux aux doigts exercés de M. Dautan, car, plus habile que son peintre d'enseigne, il leur donne des grâces au moins pendant vingt-quatre heures ou jusqu'à la pluie, et sa Psyché n'en eut jamais. Il n'en est pas de même de la Psyché de la rue Coquillère, c'est là du fin, du soigné, de l'élégant, quoique cependant il suffise d'entrer dans le magasin pour être convaincu que tout n'a pas été sacrifié à l'enseigne.

TOISON DE CACHEMIRE. (*A la*).

Michel Fagart, rue Vivienne, n. 14, magasin de soieries, de mérinos. Belle enseigne, beau magasin, luxe dans les marchandises, rue brillante et bien fréquentée, que d'élémens de succès! Mais les chèvres qui décorent l'enseigne? heureusement qu'elles ne sont qu'en peinture, car leur habit est trop soyeux, pour que M. Michel n'ait pas eu la tentation de les tondre. Que cela ne vous effraye pas, amans des belles étoffes; c'est là une maison de confiance.

TRIOMPHE DE TRAJAN (*Au*).

M. Payen, tailleur, rue de Richelieu, n. 77. Pourquoi cet artiste n'a-t-il pas plutôt décoré sa boutique d'une énorme paire de ciseaux ailés, au dessous desquels serait écrit : « aux ciseaux volans. » C'est ainsi que faisaient ses prédécesseurs; mais tout passe, et l'ambition tourne toutes les têtes. Trajan est représenté rentrant à Rome traînant à sa suite les rois vaincus, et chargé des dépouilles des barbares. L'ambition de M. Payen est d'arriver rayonnant de gloire dans son château, poursuivi par les clameurs de ses confrères envieux, et chargé des fausses coupes des habits qu'il a taillés en pièces.

TROIS AGNEAUX D'OR (*Aux*). M. Legendre, bijoutier, quai Lepelletier, n. 5. Qui doit parler d'or, si ce ne sont les bijoutiers? M. Legendre ne se contente pas d'en parler, il en vend aussi; et, à force d'en parler et d'en vendre, ses agneaux finiront par devenir des moutons. C'est le souhait que nous lui faisons.

TROIS LURONS (*Aux*). Rue Bourbon-Villeneuve, n. 18, Terrier, marchand de vins. Trois *malins* en chapeau à cornes apparaissent seuls, et semblent se diriger au cabaret. Ils paraissent en humeur, en gaieté, et rien n'est en effet plus naturel : ils sont là sur leur théâtre ; et, si on lit sur les murs de la salle : *on ne fume pas ici,* on n'y lit pas qu'il soit défendu de satisfaire à de plus ignobles emportemens.

TROIS MAURES (*Aux*). Boutique d'épicerie, rue de la Harpe, n. 27. De tous temps les épiciers se sont distingués par leur gentillesse ; mais prendre trois maures pour enseigne, c'est du sublime, et ce ne pouvait être qu'au soleil du pays latin qu'une pareille idée pouvait mûrir dans le cerveau d'un épicier. Qu'on se figure les brocheuses de la rue de la Parcheminerie, les étudians de la rue Pavée, courant en foule aux trois Maures, chercher, à neuf heures, deux sous de gruyère ou de résiné, et qu'on dise que le bazar d'épiceries de la rue de La Harpe n'est pas au dessus des bazars de l'Orient.

TROIS SULTANES (*Aux*). Mesdames Delatour, lingères, rue Vivienne, au coin de la rue Colbert. C'est l'un des plus beaux tableaux d'enseigne de Paris ; quoique déjà fort ancien, les peintures ont conservé leur fraîcheur. On n'en dirait peut-être pas autant des phrynés qui avoisinent cet établissement, et que soigne en mère une dame Lebrun, dont la maison est bien connue, bien qu'aucun signe extérieur ne s'y fasse remarquer. Le magasin des *trois sultanes* est une maison de confiance, et, au milieu des mœurs équivoques de ce quartier, les demoiselles qui y sont employées conservent leurs vertus natives.

TRUIE QUI FILE (*A la*). Magasin d'épiceries, marché aux Poirés, n. 24. C'est dans cet établissement que s'inscrivent les garçons épiciers sans place. Nous ne voulons pas dire qu'ils aient choisi un singulier protecteur ; car entre l'enseigne et le magasin, il y a trop de différence.

UNION DES ARTS (*A l'*). Rue Grange-Batelière, n. 1. Ancien bazar, célèbre par une conspiration avortée. Les arts se sont-ils réunis pour conspirer contre le bon goût ? Non pas tous, mais en partie. Allez plutôt vous en assurer, messieurs les gros propriétaires; cet établissement se trouve près du cercle où chaque soir vous allez porter vos guinées ou vos bénéfices sur le trois pour cent.

VAISSEAU MARCHAND (*Au*). Vatinel, quincailler, rue St.-Martin, n. 186. L'Expéditif, c'est le nom que nous lisons sur le vaisseau. Il est fourni de tous ses agrès ; le vent enfle les voiles, et je crois, Dieu me pardonne, qu'il filerait son nœud, s'il était possible qu'il pût rouler sur le pavé, car, avec la meilleure volonté du monde, on ne peut voir la mer dans rien de ce qui l'environne. C'est peut-être bien un vaisseau à roulettes.

VALÉRIE (*A*). Rue Saint-Denis, n. 309, magasin de nouveautés. Le peintre a choisi le moment où Valérie recouvre la lumière ; mais, moins adroit que l'acteur que M. Scribe a chargé de faire sur la scène l'opération de la cataracte, les yeux de sa Valérie sont restés obscurs, le temps peut-être les éclaircira.

VAMPIRE (*Au*). Magasin de nouveautés, rue St.-Antoine, tenu par M. Thory et compagnie. Heureusement pour M. Thory, les jeunes filles ne croient plus qu'il existe des vampires, des hommes qui sucent le sang pour prolonger leur existence ; sans cela M. Thory aurait couru grand risque de ne pas voir accourir chez lui la foule des jolies femmes, et par conséquent n'aurait pas eu occasion de faire condamner son confrère Thomas comme diffamateur. Voilà ce que c'est que des cancans ; le cancannier et marchand de bas Thomas ne s'est-il pas avisé de dire que M. Thory, qui rend des lacets comme de la soie, des bonnets de coton et du calicot, avait fait banqueroute ? *inde iræ*, et la condamnation de M. Thomas.

VARIÉTÉS (*Théâtre des*). Boulevard Montmartre. A la bonne heure, voilà qui ressemble à un théâtre ; mais lisons l'affiche aujourd'hui : La cent-ringtième représentation du Bénéficiaire, précédée de la deux centième de Werther ; on commencera par la cent-cinquantième des Deux Précepteurs. Quelle variété !

VAUDEVILLE (*Théâtre du*). Rue de Chartres. Petite boutique en réparation, qu'il vaudrait mieux qu'on abattît, ce me semble. Eh pourquoi ? C'est qu'on n'y fait plus rien de bon.

VEAU QUI TÈTE (*Au*). Rue de la Vrillère, place du Châtelet, et probablement ailleurs, on rencontre cette enseigne. Elle a fait la fortune de plusieurs traiteurs ; MM. Lelong père et fils, et probablement petit-fils, sont là pour le dire. Par une bizarrerie fort étrange, les veaux qui tètent sont des renommées de pieds de mouton; et, si l'enseigne annonce une nourrice compâtissante, la carte met à un prix bien élevé les appétissantes faveurs de ce restaurateur en crédit. Avis aux gastronomes sans argent.

VÊPRES SICILIENNES (*Aux*). Magasin de nouveautés, rue St.-Denis. Ce tableau représente la fameuse scène où Lorédan donne son épée à Montfort et lui dit :

Avec ce fer tu m'as fait chevalier,
Tiens, prends-le, défends-toi, meurs du moins en guerrier.

Un patriote chapelier, qui a puisé aussi son enseigne dans la même tragédie, n'a pu placer au-dessous les beaux vers de notre Casimir Delavigne, la police le lui a défendu. Peut-elle souffrir, en effet, qu'on rappelle sans cesse aux Français des idées d'honneur et de patriotisme ; passe pour du Jésuitisme. Ce tableau orne la rue des Boucheries-St.-Germain, n. 10.

VÉRITABLES CHASSEURS CANADIENS (*Aux*). Magasin de chapeaux, rue Dauphine, n. 63. Nous savons distinguer maintenant le vrai du faux, et c'est à l'enseigne du magasin que nous le devons. Le propriétaire, grand chasseur par lui-même, a de nombreux compagnons de ses chasses au Canada; on n'en saurait douter quand, en passant devant la boutique du chapelier, on entend une multitude de voix répéter à l'envi le fameux chœur de Robin des bois :

> Chasseur diligent,
> Quelle ardeur te dévore, etc.

VERT-VERT (*A*). Sannier, confiseur, rue Neuve-des-Petits-Champs, n. 91. Gresset, qui jouissait du double privilège

> D'être au collége homme mondain,
> Dans le monde un homme de collége

ne savait pas qu'enfin ses écrits deviendraient la pâture des confiseurs, et qu'on les introduirait dans les corbeilles de pistaches et de diablotins. Plus juste appréciateur du mérite de Gresset, M. Sannier s'est placé sous les auspices de l'un de ses contes, il a donc les honneurs de la *voie* publique.

VESTALE (*A la*). Rue Montmartre, au coin de la rue de Cléry. Nouveautés. Il faudrait un Licinius bien audacieux pour devenir amoureux d'un minois semblable à celui que nous offre cette enseigne; et puis une vestale au milieu d'une douzaine de commis-marchands! que de dangers! Plus conséquent, un restaurateur du boulevard de l'Hôpital a choisi pour enseigne une vestale; il fait noces et festins. Voilà au moins une demoiselle à sa place. Pour comble de prudence le distrait restaurateur a intitulé son enseigne *le Feu éternel:* ainsi, à moins d'un examen scrupuleux, on ne voit là qu'un feu de cuisine, tandis que c'est le feu de l'amour qu'il a voulu dire.

VIGNES DE TONNERRE (*Aux*). Boiteux, marchand de vin, rue St.-Jacques, n. 145. Sur un petit tableau de deux pieds carrés, et sans effort, on aperçoit des coteaux, des vignes, des vendangeurs, un village, et le tonnerre qui tombe en éclats; mais, ce qu'il y a de plus curieux, et nous invitons messieurs les physiciens à consigner ce fait, c'est que, ce qu'ils ignoraient sans doute, la foudre est sous la forme de bâtons rompus presque alignés au compas; et le tonnerre et les lignes de Tonnerre! encore un calembourg! que de génie dans tout cela!

XANTIPPE (*A*). Rue de l'Oursine, n. 294. Débit de patience et de consolation. La femme de Socrate dans une pareille rue et devant un débit de consolation, c'est une véritable épigramme. Tout le monde sait que les débits de consolation et de patience sont des débits de trois-six, et la femme du sage Athénien n'avait pas plus cette dernière qualité que la liqueur des rogomistes ne la donne.

YPSILANTI (*A*). Servas, charcutier, rue du Gros-Caillou, n. 7. Le héros de la Grèce est ici en famille. N'est-ce pas le domaine de la graisse? Mais est-ce un calembourg qu'on a voulu faire? ne le croyons pas; car on sait que les amis ne sont pas des Turcs.

ZODIAQUE DE PARIS (*Au*). M. Malteste, marchand de nouveautés, boulevard du Temple, n. 47. Peste, quelle imaginative! Ce M. Malteste a la tête forte; il n'a pas voulu que l'Égypte ait eu seule la gloire de donner le nom d'un de ses palais à un zodiaque; mais, pour l'opposer au zodiaque de Denderah, il a inventé celui de Paris. Ce dernier est encore entre les mains de l'astronome, et aussitôt qu'il ornera la boutique du boulevard du Temple nous en donnerons une description complète.

SUPPLÉMENT.

Plusieurs artistes, peintres d'enseignes, ayant appris que nous nous occupions de donner à leurs chefs-d'œuvre les honneurs d'une immortalité in-32, sont accourus nous prier de les enregistrer sur nos tablettes. Nous avons cru devoir leur rendre ce petit service, convaincus qu'ils nous en sauraient bon gré. En même temps que nous donnons au lecteur ce petit éclaircissement, nous répétons qu'il a toujours été loin de notre pensée de vouloir critiquer aucun des établissemens qui, *seulement à cause de leur enseigne*, ont trouvé place dans cette petite galerie.

ARCHE DE NOÉ (*A l'*). Oiseleur, boulevard du Temple, n. 47. Enfin le déluge a cessé, les corbeaux, qui ont trouvé à se repaître des cadavres que les eaux ont laissés sur la plage, ne sont pas revenus; mais des animaux des quatre parties du monde se promènent autour de l'arche : le tigre n'a plus de fureur, l'aigle ne convoite plus le chantre des bois. Quelle harmonie! Mais que viens-je d'entendre? un perroquet crier, une fauvette se plaindre, quel tintamarre! quelle discordance! il semble qu'ils disent tous : rendez-nous la liberté; mais le marchand, comme bien d'autres gens, ne répond jamais à de semblables vœux.

ACCOUCHEUSE, rue J. J. Rousseau, n. 23. Une belle accouchée de bonne mine, elle n'a pas encore la fièvre de lait, un papa bien réjoui, il a vu éclore sa progéniture, un petit frère caressant le nouveau venu, il ignore qu'un jour il partagera son patrimoine, une sage femme élégante et jeune, elles le sont toutes, forment un groupe très-attendrissant; mais ce qu'il y a de plus sublime encore, ce sont les deux vers suivans qui se trouvent en tête du tableau :

Grâce à l'art, ô mon fils, enfin tu vois le jour,
Nos vœux sont exaucés : je dois bénir l'amour !

C'est donc un enfant de l'amour que le petit poupon ? Non certainement, nous a-t-on répondu. Bien que la scène se passe rue J. J. Rousseau. Mais voyez la maladresse du copiste que j'avais chargé de recueillir ces deux vers, il les avait écrits ainsi : *Grasse à lard*. Le culte que nous vouons à la vérité nous a fait les rétablir tels qu'ils se trouvent sur le tableau de madame l'accoucheuse.

BARBE BLEUE (*A la*). Hagenburh et Horry, merciers, rue du Four-St.-Germain, près l'Abbaye. Une maison d'arrêt, une malheureuse victime innocente et persécutée, un tyran *peu délicat*, voilà ce qui est en famille ; mais que de larmes dans tout cela ! Remarquez, lecteur, cette enseigne : vous y apercevrez la clef délatrice, et la sœur Anne s'écriant : *Anne, ma sœur Anne, ne vois-tu rien venir ?* mais vous ne verrez ni *herbe qui verdoie ni poudre qui poudroie*. En revanche, de la fumée, peut-être quelque chose de pis, comme, par exemple, des couleurs

jetées au hasard, une barbe de filasse...
et que l'on vienne nous dire maintenant que les arts se perfectionnent!

BELLE ATHÉNIENNE (*A la*).

Bonnefoy, parfumeur, rue St.-Honoré,
n. 198. La belle Grecque est environ-
née de couleurs et de parfums; mais
les uns ont perdu leur odeur, et les
autres leur incarnat. Hélas! n'est-ce
pas bien naturel? ce sont des armes
qu'il faut maintenant aux Helléniennes,
et non pas les superfluités du sybari-
tisme. M. Bonnefoy, changez donc
votre enseigne, ou plutôt brûlez votre
encens et vos parfums sur les autels
du dieu dans lequel les Grecs ont
placé leur dernière espérance.

BOURGMESTRE DE SAARDAM

(*Au*). Grisard, drapier, rue St.-Honoré,
n. 53. Encore Potier sur un tableau
d'enseigne! quelle immortalité! Chacun sait que dans ce mélodrame *vau-
devilisé* le bourgmestre prend le char-
pentier Pierre pour le czar Pierre;
mais le marchand, qui n'est point ca-
pable de semblables bévues, ne vous
donnera jamais de l'elbeuf pour du
louviers; du reste il accueille parfaite-

ment tout son monde, vend en conscience, à bon marché, pénétré, comme le monarque du Nord, que

Les trésors, les rangs, la grandeur,
Ne font pas toujours le bonheur.

BONNE FONTAINE (*A la*). Joublin, marchand de vin, rue de Charonne, n. 1. Le peintre de cette enseigne a reproduit sur la façade du marchand de vin la fontaine qui avoisine l'établissement, et l'établissement lui-même. Il y a en effet quelque rapport entre eux. Mais pourquoi cette épithète, bonne fontaine ? Serait-ce à cause des services qu'elle a rendus et qu'elle rend encore tous les jours à M. Joublin ? Eh pourquoi pas, car n'est-il pas de notoriété publique que :

« C'est l'eau qui nous fait boire
« Du vin

BORNE D'OR (*A la*). Borne, marchand de meubles, rue du Faubourg St.-Antoine, n. 20. Ce n'est point être *borné* que de trouver l'idée d'une semblable enseigne. En effet, elle arrête tout le monde ; mais ce qui fait surtout la fortune du magasin, ce sont de fort beaux meubles de toute espèce. La grande et la petite propriété trouvent là canapés, fauteuils, divans, bonheurs du jour, et tout cela à bien meilleur marché que ne l'offre l'hôtel Bullion, rue J. J Rousseau, et les petites affiches de la rue de Grenelle, malgré les ventes *forcées* de l'une et les occasions des autres. Entrez donc, messieurs les gens à représentation, bureaux, secrétaires, commodes, tout est dans ce magasin à bon marché, et puisque, par le temps qui court, on est honnête homme avec un beau mobilier, M. Borne vous donnera de la considération à très-bon compte. D'ailleurs, M. Borne ne se *borne pas* à son enseigne, *comptoirs roulans* pour les faillis; *dormeuse* pour les rentiers, *psychés avantageuses* pour les favorites, *lavabos* pour... Il possède tout; il ne lui manque pas même notre approbation.

CHAT NOIR (*Au*). Pérot, confiseur, rue St.-Denis, au coin de la rue des Lombards. Un chat noir ! vive Dieu ! Nécromanciens vous n'auriez pas mieux choisi ! Jeunes galans, entrez chez

M. Pérot, il vous vendra aussi des bon-bons prophétiques, et certes le chat noir ne vous égratignera pas. A en juger par son petit minois, il a l'air doux et paisible, il fait patte de velours, mais surtout ne vous hasardez pas à entrer chez le confiseur voisin, car du premier étage où je le vois placé, il pourrait bien s'élancer sur vous, et alors gare aux égratignures.

CHIENS DE FAYENCE (*Aux*). Quettier, fayencier, rue du Petit-Lion, n. 22. Encore une enseigne banale. Si les épiciers ont des pains de sucre en fer-blanc et des chandelles en bois, presque tous les fayenciers ont des chiens de fayence, qui lorgnent de côté tous les passans. Leur pose a fait dire des gens qui regardent de côté: Il regarde en *chien* de fayence. Cette en-seigne, comme le magasin, doit redou-ter les commotions et les tremblemens de terre; heureusement qu'ils reposent tous deux sur des fondemens solides.

CHOCOLATIER (*Au*), passage de l'Ancre. Sur le premier plan de ce ta-bleau on apperçoit un gros gaillard frottant avec force le caraque sur une pierre où il paraît mal s'étendre. Dans le fond, c'est l'intérieur de l'établissement, où, par parenthèse, on distribue du chocolat à six sous la tasse ; malgré la fumée qui règne sur l'enseigne, on peut encore entrevoir très-aisément le comptoir où une dame reçoit le prix des déjeûners de la petite propriété, et sur des ébauches de table, des tasses et du beau sexe qui, comme on le voit bien, vise à l'économie.

COCHER (*Au*), quai des Célestins, marchand de vin. On se rappelle que, dans le temps, une anecdote racontée par le Constitutionnel, au sujet d'une rixe qui s'était élevée entre un officier et un cocher de cabriolet décoré, donna lieu à une gravure assez mal exécutée, au bas de laquelle on lisait l'article en entier du journal ; eh bien, c'est cette anecdote, assez nulle en elle-même, et cette mauvaise gravure qui ont fourni l'idée de ce tableau. Certes, il y a plus mal, mais il y a bien mieux aussi, et de bonne foi on ne peut guère applaudir à l'intention qu'a eue le peintre de rappeler une anecdote qui pourrait bien n'être pas exacte, et une gravure tout au plus propre à orner le *sa-*

lon de coiffure d'un barbier de village.

COMPTOIR ET FONTAINE SANS PAREILLES. Ici je copie servilement l'enseigne de M. Conord, marchand de vins, rue St.-Antoine, au coin du boulevard. Son comptoir est en effet remarquable, il nous représente un beau bénitier. Mais où est la fontaine? Ce sera celle de l'Eléphant, dût cet animal être femelle, tout cela n'empêcherait pas que le peintre de M. Conord n'ait estropié le français. En revanche, le marchand de vin est fidèle à son enseigne, car son vin est sans pareil; c'est-à-dire, qu'il est pur, du moins c'est ce que m'ont assuré deux disciples de Bacchus qui chantaient en sortant de ce cabaret :

> Et je trouve le Mont-Parnasse (*Bis.*)
> Au cabaret. (*Quater.*)

CONQUÊTE DE LA TOISON D'OR (*A la*). Vernet, aubergiste logeur, rue du faubourg St.-Antoine, n. 66. Un petit tableau en relief nous offre toutes les merveilles de cette fameuse conquête, et afin que les passans ne s'y méprennent pas, M. Vernet a fait inscrire au-dessus de ce petit cadre : *On lit dans la Mythologie que*, etc. Cette précaution n'était point inutile, car il y a bien des gens, et peut-être moi-même le premier, qui n'auraient pas reconnu dans les reliefs dorés, tous les braves de la Toison d'or.

CHARLES VII (*A*). M. Marest, quincailler, rue de l'École-de-Médecine, n. 35. Ce tableau d'enseigne, malheureusement dégradé par la pluie, était plus digne de figurer dans une galerie qu'au-dessus de la boutique d'un quincailler. Il représente Charles au moment où, ramené à la gloire par Agnès Sorel, il saisit sa lance et vole au secours de son royaume. Si M. Marest vendait des épées, nous concevrions qu'il ait voulu réveiller l'ardeur martiale de nos preux; mais il débite des clous et des serrures; et si à toute force il voulait un roi pour enseigne, que n'a-t-il pris un roi amateur de grilles et de verroux, Louis XI, par exemple.

COLONNE (*A la*). M. Ladvocat, libraire, Palais-Royal, galerie vitrée. Vive le romantisme, s'écrie le confident de madame de Genlis! il mène à l'immortalité, et c'est moi qui ouvre les portes du temple de mémoire. Voyez plutôt ma *Colonne*, j'y ai inscrit quelques noms classiques, il est vrai, mais c'est pour mieux faire ressortir ceux de MM.......... c'est à moi qu'ils doivent leur illustration. Après les avoir imprimés sur vélin, et les avoir reliés en veau, je leur ai accordé un passe-port pour la postérité. Moi-même je les y accompagnerai de peur qu'ils ne rencontrent quelques obstacles sur la route ; et comme je voyagerai sous l'égide d'une noble dame à qui j'ai rendu quelques petits services de plume, et qui plus d'une fois a fustigé la critique et l'envie, certes je ferai mon chemin sans encombres.... Et qu'avez-vous besoin de protection, M. Ladvocat, n'avez-vous pas un léger tilbury, un cheval vif et vigoureux ; mettez-le au galop ; vous et vos immortels vous passerez comme l'éclair. — Qu'est-ce à dire, reprend l'ingénieux libraire, je n'aime pas les jeux d'esprit, mais j'aime mieux le romantique.

COMEDIEN D'ETAMPES (*Au*). Rue de Grenelle St.-Germain, n. 5. Courtois, marchand de papiers peints.

J'entrevois Perlet sous les habits du comédien, arrivant à Etampes avec le paquet de voyage suspendu à sa canne, et dans un autre cadre il est revêtu de la robe de chambre d'un oncle renfrogné. Ce ne serait pas mal pour les devants de cheminées des magnifiques hôtels *garnis* de la rue St.-Jacques; mais pour un tableau d'enseigne..... Il est vrai de dire que M. Forbin-Janson, directeur du Musée, n'a point été consulté pour cette exposition.

COURSES DE NEWMARKET (*Aux*). M. Anderson, sellier, boulevard de la Madeleine, n. 15. J'en demande bien pardon au peintre, j'ai donné à l'enseigne un titre qui lui manquait : quand je vois des chevaux étiques montés par de maigres jockeis, je ne puis croire qu'il a voulu esquisser les courses du Champ-de-Mars, où de lourds coursiers parcourent lentement une courte carrière. Ah ! M. Anderson, si vous pouviez, au moyen de vos selles et de vos brides, donner à ces pauvres animaux la légèreté qui leur manque, le meilleur étalon de Pompadour ne vous serait pas comparable !

CREMIER. Rue Duphot, n. 20. M. Benech offre aux amateurs du lait d'ânesse et de chèvre, à domicile, et il n'a pas choisi d'enseigne. Cependant la façade de son établissement est décorée d'un tableau divisé en quatre cadres : dans les deux supérieurs on aperçoit deux pâtres faisant rentrer à l'étable deux ânesses ; les deux inférieurs représentent deux bergères poussant en un logis semblable deux chèvres qui me paraissent avoir bondi dans la prairie...... La scène se passe à la Chaussée-d'Antin....... Avis à l'auteur du *Solitaire*, qui, dit-on, demeure dans le voisinage. Voilà de quoi animer ses romantiques conceptions, il y prendra la nature sur le fait.

CULOTTE (*A la*). M. Detry, bandagiste, boursier, gantier, culottier, rue du Four St.-Germain, n. 55. L'enseigne représente une main qui tient une culotte de peau de daim, dont on faisait jadis usage, et au milieu de laquelle est placée une *oie*.... . oui une oie...... Qu'est-ce que cela signifie, demande-t-on en ricanant..... Et messieurs, lisez la légende :

Prenez votre culotte,
Et laissez tomber là mon oie.

Entendez-vous? Pas si bête, M. Détry, pas si bête.

DESESPOIR DE JOCRISSE (*Au*). Tinel, faïencier, graveur sur cristaux, rue du Bac, n. 38. Brunet, où es-tu! *Voyez les poignées de cheveux!* la terre en est jonchée, ou plutòt elles figurent au milieu de débris de porcelaines, tristes monumens de la *maladresse* de Jocrisse. Le peintre a-t-il été plus adroit? c'est une question. Mais ajoutons qu'il lui eùt fallu un talent supérieur pour donner de l'expression à son personnage, à en juger par le modèle. Brunet, où es-tu?

ESPÉRANCE (*A l'*). *Ancienne maison Declion*, M. Victor Mouton, quincailler, rue du faubourg St.-Antoine, n. 15. Jusqu'ici nous ne savions pas que l'espérance eût été personnifiée à la manière de l'ancienne maison Declion; elle est représentée assise sur le bord de la mer, au milieu de marchandises de toute espèce, et ayant sous ses jupes une ancre qui semble la fixer au rivage. C'est *l'espérance réalisée.*

FONTAINE DE JOUVENCE (*A la*).

Magasin de nouveautés, rue des Moineaux, n. 3. Il y a dans Paris mille individus qui débitent l'eau de cette précieuse fontaine; M. Brescon vend sa merveille, qui fait croître des cheveux du plus beau noir sur une tête sexagénaire et pelée; une madame Ma efface, avec son eau miraculeuse, les rides de l'âge; cependant ni l'un ni l'autre n'a obtenu les succès du boutiquier de la rue des Moineaux. Une vieille femme vient de puiser à la fontaine, et aussitôt un visage de quinze ans a réparé *du temps l'irréparable outrage*; il est vrai que ce n'est que sur l'enseigne, mais le magasin n'en est-il pas de même : j'aperçois d'un côté une jambe fine, une gorge arrondie, des hanches moelleuses, et le tout en coton. D'un autre, des gazes, des dentelles, des soieries....... Que de femmes croyent avoir bu à la *Fontaine de Jouvence !*

GASCONNE (*A la*). MM. Victor

Flain, Félix et compagnie, marchands de mercerie, boutons et étoffes nouvelles, rue St.-Honoré, n. 121. En voyant l'enseigne, nous avons cru qu'une dame tenait le magasin ; nous avons mis la tête à la porte, et nous n'avons vu que des hommes. C'était peut-être une mystification. Toutefois nous avons voulu nous en assurer. Monsieur, dîmes-nous à un sec et grand homme qui se tenait au comptoir, combien faites-vous ici de recette en un jour ? 2,000 francs, répondit-il... Diable, c'est beaucoup. Vous ne me croyez pas, reprit-il, est-ce que vous n'avez pas vu mon enseigne ?

GRAND SAINT-MAURICE (*Au*). Teinturier dégraisseur de l'Opéra comique, quai du Marché-Palu. Je ne puis pas trop dire comment et pourquoi messieurs les teinturiers se placent immédiatement sous les auspices du grand saint Maurice ; mais ce que je puis avancer, c'est que le dégraisseur que j'enregistre sur mes tablettes, est fort habile. Cependant s'il pouvait changer aussi facilement la voix que l'habit de quelques-uns de ses clients de Feydeau, il aurait bien plus à faire, car je compte pour rien le travail qui lui vient d'un établissement placé sous ses yeux. Lecteurs curieux, prenez à tout hasard le Journal de Paris, vous saurez de quelle maison je veux parler. Que je vous aide : « On a transporté ce matin à la « m..... un jeune homme qu'une pas- « sion, etc... La famille est venue l'y ré- « clamer. »

GAGNE DENIER (*Au*).

Magasin de nouveautés, rue St.Antoine, n. 219. Si l'on juge du magasin par l'enseigne, comme il arrive souvent de l'homme par l'habit, de l'oiseau par la plume, d'un livre par le titre, on ne peut ac- cuser d'ambition le propriétaire de ce- lui dont l'enseigne nous occupe. Il est sans doute pénétré de cette vérité que qui va lentement va sûrement; que les petits ruisseaux font les grandes riviè- res, et enfin, que qui trop embrasse mal étreint, comme il est arrivé à tant de ses confrères, et nous ne doutons pas que la modestie de l'enseigne n'attire chez lui les amateurs du bon marché; mais c'est du tableau qu'il faut parler. Au milieu d'une riche campagne, et sous un chêne touffu, un rémouleur, qu'à sa mise et à son air tendre on pren- drait pour un berger du Lignon, est occupé à repasser les ciseaux que vient

de lui remettre une Amarillis de basse-
cour, en jupe et en corset ; aux regards
amoureux qu'ils échangent, on ne saurait douter que le gagne denier ne re-
cevra qu'un baiser pour salaire : au
magasin on ne s'en contenterait pas.

GRIFFON (*Au*). M. Lion, fabricant
de meubles, rue du Faubourg-St.-An-
toine, n. 26. Qu'on dise qu'il n'a pas
reçu du ciel l'influence secrète celui qui
se sent le courage de vouloir réunir en
lui la force et la majeté du roi des animaux et l'audace et le regard perçant
du souverain des airs. C'est pourtant
ce qu'a osé notre marchand de meubles en prenant pour enseigne un griffon qui, comme on le sait, est fils du
lion et de l'aigle, et tient de l'un et de
l'autre. Faut-il donc posséder tant de
rares avantages pour fabriquer le comptoir d'un limonadier, ou la chaise per-
cée du paralytique? Sans doute M. Lion,
au lieu de s'en tenir à ces petits dé-
tails, voulait voir plus haut, et il ne
lui fallait pas moins que le regard de
l'aigle.

HERCULE (*Au grand*). Plomb
jeune, rue des Foureurs, n. 18, pelle-

teries. Sur l'un des côtés de la devanture de cet établissement, je lis : *renard bleu*; sur l'autre : *renard argenté*. On croirait peut-être que M. Plomb aurait recouvert le plus merveilleux des héros de la fable, de la peau de ces renards; point du tout, plus fidèle aux anciennes traditions, il lui a conservé sa peau de tigre, il n'a pas même oublié sa massue; mais que tout ceci, lecteurs, ne vous effraye pas, M. Plomb ne s'est placé sous les auspices d'Hercule que pour terrasser l'envie et la mauvaise foi.

JEAN DE PARIS (*A*). Magasin de soieries, rue du Bac, n. 4. Quoi ! la princesse de Navarre se laisse baiser la main par Jean de Paris, s'écrie le grand sénéchal, avec un étonnement tout-à-fait comique. Eh bien! oui; l'indifférente princesse connaît enfin les délices de l'amour; sur l'enseigne de la rue du Bac, c'est comme dans l'opéra, si ce n'est cependant que dans la pièce, la princesse a l'air noble et sa mise élégante, tandis que sur le tableau elle ressemble à une cuisinière endimanchée, et Jean de Paris à un conscrit. N'oublions pas de dire que le peintre, infiniment ingénieux, a mis un chêne centenaire tout entier dans la tête de l'héroïne, et que cela produit un effet... Et le sénéchal donc, il est sublime comme un intendant.

LES EXTRÊMES SE TOUCHENT.

Eau - de - vie et tabac, rue Jean - Robert, n. 13. Ce petit tableau représente un élégant en carrick, allumant un cigare à la pipe d'un chiffonnier. Le philosophe nocturne a sur son dos la hotte de Kiguerin ; il communique son feu de la manière du monde la plus gracieuse à M. le philosophe en habit pincé, car il y a aussi de la phiosophie dans son fait. J'allais continuer mon chemin lorsque, regardant de l'autre côté du tableau, j'aperçois un autre philosophe à cheval sur un tonneau. Voilà sa morale, elle sert de légende à l'enseigne : *J'oublie le passé, je jouis du présent, et je ne pense point à l'avenir.* Lecteurs, si vous n'êtes pas contens de tout cela, *tâchez d'être un peu philosophes.*

LILLIPUTIENNE (*A la*). Rue

Montmartre, n. 104, merceries. Une vieille petite personne monte, à l'aide d'une échelle, sur un très-grand cheval. C'est l'une des anciennes curiosités des frères Franconi que cette enseigne représente; mais depuis long-temps, il n'est plus question de la Lilliputienne, et le petit magasin qui s'est placé sous ses auspices a besoin de ressusciter sa célébrité, car certes il ne la devra jamais à l'enseigne ni aux souvenirs qu'elle rappelle.

MARIAGE ENFANTIN (*Au*).

M. Douay, marchand de nouveautés et corbeilles de mariage, rue Sainte-Anne, n. 55. Une scène de la jolie comédie de M. Scribe, a fourni le sujet de ce tableau. L'amour, sous les traits de la charmante et toujours jeune *Léontine*, soulève le couvercle de la corbeille qui recèle les cachemires, les dentelles et l'écrin, gages de l'empressement d'un généreux futur. Cette enseigne ne manque pas d'esprit; mais nous demanderons à M. Douay ce qu'il a voulu exprimer. Sont-ce les cadeaux qui font naître l'amour dans le cœur d'une aimable coquette? ou les présens de l'hymen mettent-ils l'amour en fuite? L'un et l'autre sont vrais.

OISEAU BLEU (A l').

Magasin de merceries et nouveautés, rue du Faubourg-Saint-Antoine, n. 69. La création de Perrault, perchée sur une branche d'arbre, n'a pas encore vu son plumage d'azur tomber sous le fil tranchant des rasoirs; elle est dans sa beauté primitive et toujours protectrice, il n'en faut pas douter, des amans et des cœurs honnêtes qui l'invoquent. Parlerons-nous des jeunes demoiselles du magasin et des marques de protection que leur donne l'oiseau bleu? Il attire les adorateurs, et nous ne dirons rien de plus à cet égard. Quant au magasin, il y fait fondre les chalans,

PARTIE DE CHASSE D'HENRI IV (A la).

Munier, marchand de vins traiteur, rue Saintonge, au coin du boulevard. Je cherche de mes deux yeux, soit le bon roi, soit le fermier Michaud, rien de tout cela. Que veut donc dire M. Munier avec son inscription? Veut-il nous prouver qu'il est hospitalier comme le fermier de la Partie de chasse, ou qu'il met, pour ses habitués, tous les jours la poule au pot? Allez-y voir, amans de la promenade; le restaurateur de la Partie de chasse n'est pas à une portée de fusil du jardin Turc.

PETITE GOURMANDE (*A la*). Confiseur, rue Neuve-St.-Augustin, n. 13. Deux tableaux réunis et formant un angle aigu m'offrent, l'un, une petite fille cherchant à dérober des bonbons, dans l'autre la petite gourmande paraît y avoir goûté, cependant elle est triste. « Dites-moi, mademoiselle, « est-ce que l'on vous aurait trompée? « — Non monsieur, semble-t-elle ré- « pondre, il y a de quoi se lécher les « doigts, entrez plutôt au magasin. « J'entrerai, me hâtai-je de répondre; « cependant, mademoiselle, lisez votre « catéchisme, et plaise à Dieu que « vous n'ayez pas à vous accuser de « deux péchés capitaux, le premier « la gourmandise, et le second un « mensonge. » Lecteurs, elle n'avait commis que le premier de ces péchés, et vous pouvez m'en croire, car je ne voudrais pas, moi, porter l'endos du second.

PETIT POUCET (*Au*). Boutique de faïencier fripier, rue Montfaucon, n. 4. D'un côté de l'enseigne, le fils du bûcheron sème les pois qui doivent lui faire reconnaître sa route ; de l'autre, il court les jambes armées de bottes de sept lieues. Que de gens sont arrivés à la fortune en marchant dans des sabots !

PILIER LITTÉRAIRE (*Au*). Bouquin, libraire, rue de la Juiverie, au coin de la rue de la Huchette. Le pilier de cet établissement se composait d'un fonds de romans *galettes*, qu'on appelait du *Tiger*, du nom de l'ancien possesseur de cet établissement. La vie des Cartouches, des Mandrins, des Desrues, et quelques almanachs que distribuent gratis, au jour de l'an, les facteurs de la poste aux lettres, formaient l'autre colonne de cet établissement. Mais M. Tiger a disparu, le pilier littéraire existe toujours et M. Bouquin vit sur l'ancien fonds, toutefois sans cesser d'exploiter, concurremment avec M. Caillot, les Matthieu Laensberg, et les *charmans* petits recueils annuels dont j'ai déjà parlé.

PIQUE-ASSIETTE (*A*). Magasin de comestibles, rue du Bac, n. 15. Le peintre a voulu représenter Potier dans

le vaudeville de M. Pique-assiette ;
mais pourquoi en avoir fait un réjoui,
un convive à face enluminée ? L'habit
noir et le bouquet nuptial, passe, mais
des molets ! monsieur l'artiste, vous n'y
avez pas pensé. Peut-être me direz-
vous, et ce serait chose possible : Pique-
assiette ne se nourrissant pas dans ce
magasin d'espoir et de volailles de car-
ton, se sera fait des bosses ; cependant,
si j'en juge par la place qu'il y occupe,
il me paraît bien se nourrir de l'air du
temps.

POLYGONE (*Au*). Petit, pharma-
cien, rue du Four-St.-Germain, n. 37.
Jadis, à cause de son importante découverte, M. Petit avait pris le surnom
de *polygoniste ;* maintenant ce pharma-
cien a relégué dans son officine le tableau qui doit nécessairement lui ouvrir l'une des portes du temple de l'immortalité. Cependant il n'en a pas moins
trouvé un polygone dans la lune, c'est
par cet astre qu'il brille maintenant, et
personne ne lui contestera le droit de
dire avec le philosophe nocturne, Ri-
chard-Potier, *la lune voilà mon soleil.*

PROVIDENCE (*A la*). Encore une

Providence! Oui, et c'est celle des épiciers. M. Nant, rue d'Enfer, au coin de celle St.-Dominique, exerce cette utile profession depuis nombre d'années sous la protection de la providence; mais un instant elle lui a failli. Tandis qu'il coulait paisiblement sa vie au milieu du sucre et de la canelle, entre le gruyère et la bonne réglisse, une nuée de lutins a fondu sur la chandelle, le candi et la marmelade. Dans ses caves, les bouteilles et les dames-jeannes dansaient sans musique; ses vitres cassaient comme verre, enfin tout était en désaroi chez M. Nant, l'ordre de la nature était bouleversé; sa boutique était obscure quand le jour avait fait place à la nuit, ses quinquets s'éteignaient quand l'huile ne les alimentait plus, et six cents spectateurs ont été, pendant trois jours, admirer ces merveilles. Une pluie de pierres, qui venait on ne sait d'où, ajoutait encore à la curiosité générale. Cependant personne n'a rien vu; l'honnête M. Nant a vu décupler ses bénéfices; et maintenant, guéri de la frayeur que la légion infernale lui avait faite, il répète à qui veut l'entendre:

Les esprits dont on nous fait peur
Sont les meilleures gens du monde.

PORT SAINT-PAUL (*Au*). Commerce de vin, rue des Barrés, n. 4. Cette enseigne, nouvellement peinte, reproduit d'une manière assez exacte, l'agitation qui règne au port Saint-Paul à l'arrivée du coche d'Auxerre. Des nourrices bourguignones qui viennent rapporter ou chercher des nourrissons, errent çà et là comme des brebis égarées, tout étonnées qu'elles sont du spectacle nouveau que leur offre l'agitation d'une grande ville ; de gros marchands, chargés de sacoches, se dirigent vers *l'hôtel de la Marine* ; des maris, des femmes embrassant leurs moitiés, après une absence que les uns ont trouvée trop longue et les autres trop courte, et semblent se féliciter mutuellement d'avoir échappé aux dangers d'un voyage maritime. Des portefaix, des ouvriers des ports, une foule curieuse ajoute à la vue de ce tableau qui ne peut manquer de frapper les regards des nouveaux débarqués, et de leur donner envie d'aller voir si le vin répond à l'enseigne.

RENARD (*Au*). Pouchard, rue des Foureurs, n. 19, pelleteries. J'aperçois *sur un arbre perché*, non un corbeau, mais un coq. Il chante; mais le renard a beau le regarder, il ne tombera point de fromage. Le coq n'est ici que pour indiquer aux passans que cet établissement est sous la protection de la vigilance; et c'est à n'en pas douter, car il y règne une activité bien ordonnée, bien entendue, et la conscience du marchand, aussi pure que les couleurs de son tableau d'enseigne, n'a pas besoin de se revêtir d'enveloppe.

RENOMMÉE DE LA BONNE FRITURE (*A la*). Rue de Charonne, n. 4, Narbonne, marchand de vin traiteur. Vous croiriez, peut-être, lecteurs, apercevoir le carpillon fretin, le goujon ou l'éperlan soumis déjà au supplice de la friture : point du tout ; c'est purement une rivière au bord de laquelle un pêcheur prend du goujon *à la ligne*. Nous pensons bien que ce n'est pas le fournisseur de la maison ; car, sans cela, il ne pourrait guère suffire. Mais quel est ce paysage? On aperçoit un vieux pont et un télégraphe, ne serait-ce pas les environs de Narbonne que M. Narbonne aurait voulu nous offrir; mais pourquoi ce télégraphe? Ah! nous y voilà. C'est le langage muet du

pêcheur, qui annonce qu'un malheureux petit poisson vient de mordre à
l'hameçon. Vous direz peut-être que
les télégraphes n'ont point été insti-
tués pour de semblables futilités. Nous
voulons le croire ; cependant il leur est
arrivé quelquefois de ne pas donner
des nouvelles plus importantes.

RENOMMÉE DES BONNES SE-
MENCES (*A la*). Gohard, rue de
Sèvres, n. 1, tient magasin de four-
rage, son, avoine, remoulage, paille
d'avoine, etc. Cette renommée d'une
nouvelle espèce est un palmier autour
duquel s'enlace un serpent. La terre
est jonchée de fleurs d'une couleur
éblouissante. Mais approchons-nous :
eh quoi ? des plantes médicinales, des
graines, des racines et des sirops. Em-
piétement sur les droits du pharma-
cien, du confiseur et de l'herboriste.
Ce n'est pas rare à Paris : on trouve
dans cette boutique tous les produits
du règne organique, ainsi défini par
Linné : *Les animaux vivent et sentent.*

ROI DE DANEMARCK (*Au*).
M. Kœnig, fourreur, rue St.-Honoré,
n. 213. Quelle singulière cour M. Kœ-

nig a choisie à son roi : des ours blancs et noirs, des loutres, des blaireaux, des loups devenus courtisans sont aux pieds du monarque vêtu comme un marquis de l'œil de bœuf. Mais parmi ces nobles habitans des forêts on n'est pas peu étonné de rencontrer des lions, des tigres, des panthères, et autres habitans de la zone torride. Point de réflexions; et l'idée du peintre, la comptez-vous pour rien ?

ROI SALOMON (*Au*). Madame veuve Delàtre, fabricant de cartes à jouer, rue Ste.-Anne, n. 39. Quel rapport a le plus sage des rois avec un jeu de cartes ? Passe pour David, qui fait partie intégrante du piquet et du boston ; mais Salomon ! madame Delàtre n'est peut-être pas sans prétention aux proverbes, mais toutes les femmes en font, et elle eût pris dans ce cas un personnage de son sexe pour patrone ; c'est du royal auteur du livre de laSagesse qu'elle suit les leçons, peu de femmes la pratiquent, et il est plus commun de rencontrer des sages-femmes que des femmes sages ? et parmi les hommes, il faut remonter jusqu'à Salomon pour les trouver. Il est peint en habits royaux, le sceptre en main, le diadême en tête. Cependant nous ne pouvons nous empêcher de le dire, la sagesse et les cartes ne vont guère ensemble.

SAGE-FEMME. Madame Vachée, rue de Bussy, n. 2. Parmi toutes les dames qui ouvrent les portes de la vie à l'honnêteté, il n'en est pas qui offrent aux regards ébahis une enseigne aussi remarquable que celle de madame Vachée. Cette dame voit s'échapper d'une machine qu'on ne peut mieux comparer qu'à un four, une nuée d'enfans habillés des costumes des états différens, et elle leur adresse ces vers :

Sortez, mes chers enfans, et d'une ardeur commune,
Par des chemins divers courez à la fortune.

Dans le lointain la déesse elle-même, un pied sur une roue, emblème de sa mobilité, semble inviter à la suivre la foule des jeunes mortels auxquels madame Vachée vient de donner la lumière. Mais des juifs, des usuriers, des nymphes folâtres les séparent : atteindront-ils la volage déité ; madame Vachée le souhaite, que peut-elle de mieux !

SAPEUR (*Au*). M. Auburtin, marchand de vin, tient hôtel *garnis*, rue de la Juiverie, n. 22. Nous ne citons pas cette enseigne pour attirer les voyageurs ou les buveurs chez M. Auburtin ; comme elle l'indique, le *Sapeur* qui marche en tête du régiment ne peut préparer les logemens que pour les soldats qui le suivent ou les tambours qui le précèdent ; mais il était bon de faire connaître l'orthographe de la rue de la Juiverie ; hôtel *garnis*, comme ça résonne à l'oreille. Les grammairiens et les poètes n'y trouveront rien à redire.

SABOT FOURRÉ (*Au*). Bonnet, bonnetier, rue du Faubourg-St.-Antoine, n. 51. Bravo ! encore un calembourg ! Non, ce n'est qu'un rapprochement, et il faut être bien pointilleux pour faire un trait avec cela, vient de me dire mon compagnon de voyage; passons outre, et ne donnons pas à notre esprit le temps de chausser une plaisanterie. — Mais le petit sabot.— Silence !

SOLDAT CULTIVATEUR (*Au*). M. Marchandon, marchand de nouveautés, rue du Faubourg St.-Antoine,

n. 77. C'est une copie fort bien faite du beau tableau de M. *Vigneron*, qui décore le magasin de M. Marchandon, et appelle à le visiter, les mères, les épouses et les filles de tant de braves qui, redevenus citoyens, ont déposé les foudres de la guerre pour reprendre le soc de l'agriculture. Le peintre, comme on le sait, avait reproduit sur la toile ces vers de Virgile traduits par Delille, et que M. Marchandon a inscrits au bas de son enseigne, comme pour ajouter à son effet imposant :

Un jour le laboureur, dans ces mêmes sillons
Où dorment les débris de tant de bataillons,
Heurtant avec le soc leur antique dépouille,
Trouvera sous ses pas des dards rongés de rouille,
Entendra résonner les casques des héros,
Et d'un œil effrayé contemplera leurs os.

Le négociant qui a eu l'heureuse idée de mettre son commerce sous l'égide du courage et des sentimens les plus héroïques, plutôt que sous l'une de ces enseignes banales que fournissent les grands et les petits théâtres de Paris, doit avoir l'esprit élevé, et nous savons que M. Marchandon joint à tous les avantages d'une bonne éducation, la loyauté la plus scrupuleuse; il y a donc mille raisons pour recommander son enseigne aux amateurs, et son magasin aux chalands.

TABLEAU DES SAMOIÈDES (*Au*). M. Sambin, bonnetier, rue des Deux-Ponts, n. 22, île St.-Louis. Cette enseigne n'est pas la seule que M. Sambin ait prise, on lit aussi sur le devant de sa boutique : *Au bon pasteur*. D'un berger aux Samoièdes il y a loin, puisque ceux-ci sont pêcheurs ; mais il a plu à M. Sambin de rapprocher les distances : toutefois le tableau des Samoièdes, qui ornait sans doute un tout autre magasin, et qui devait offrir quelque rapport avec le commerce de celui qui le possédait primitivement, n'est pas fait sans talent. Des sauvages que nous appelons Samoièdes sont occupés à la pêche de phoques et d'ours marins, et les attirent sur le rivage dans de larges filets. Le bonnetier de l'île St.-Louis n'a pu, comme on le voit, vouloir attirer les chalans en offrant ce tableau aux regards. En admettant qu'il n'ait pas dédaigné de se comparer à un Samoiède, il ne pouvait raisonnablement prendre ses pratiques pour des ours ou pour des veaux : ce sont de ces choses qui se pensent et ne se disent pas.

TÊTE D'ARCHIMÈDE (*A la*). Schmith, tourneur sur métaux, rue de Ménil-Montant, n. 54. Il faut plus qu'un courage héroïque pour arriver jusque-là. Le levier d'Archimède actuel, c'est-à-dire moins d'argent que de curiosité, ont seuls pu me conduire dans ce quartier éloigné du centre de Paris. Après avoir fait l'inspection de l'enseigne, je me suis encore trouvé dans l'obligation d'avouer que la découverte que je venais de faire ne valait pas ma course.

VACHE NOIRE (*A la*). Huet, rue de Grenelle St.-Germain, n. 8. Lecteur, c'est une renommée de fromages à la crème ; entrez, achetez, vous trouverez de quoi vous blanchir l'estomac. Cependant, si vous vous arrêtiez à l'enseigne, peut-être auriez-vous lieu de craindre que ce ne fût encore qu'une génisse ? Entrez toujours, ce n'est pas là que le marchand a pris son *lait*.

VILLAGEOISE (*A la*). Mary, mercier, rue du Faubourg-St.-Antoine,

n. 27. Cette aimable paysanne rassemble en bouquet des épis dont la terre est jonchée; mais sa tâche sera bientôt remplie, car ils sont en abondance. Si M. Mary glane aussi facilement, il fera bientôt fortune; et on pourrait le croire à l'affluence que l'on remarque dans son magasin.

BELLE ANGLAISE (*A la*). Palais-Royal, n. 156, bijoux. Voici le second tableau de ce genre qui nous tombe sous les yeux (voir page 21). Celui-ci est un portrait dont les couleurs sont aussi fraîches que vives; la jolie Anglaise est du reste assez maladroitement coiffée. Il paraît que ridicule et modes anglaises sont synonymes: pourquoi donc leur en emprunter si souvent? Un fashionable nous répondra: Parce que c'est *orizinal*, *sarmant*, *paole d'honneur*. Eh bien! j'aime mieux, pour mon compte, nos costumes nationaux, notre coiffure nationale, les mœurs, les habitudes et l'esprit de notre pays; aussi, en dépit du bon ton, ne craindrais-je pas de dire avec certain vaudevilliste :

Je tiens pour la mode française :
On ne me verra pas changer;

Un Français n'est pas à son aise
Sous un uniforme étranger.

BOIS DE VINCENNES (*Au*). Rue des Fossés-Montmartre, n. 29). Ce tableau est entouré de tant d'annonces différentes, qu'il m'a été impossible de découvrir s'il appartenait à la tabagie, à l'hôtel garni ou au tailleur dont il est entouré. C'est le côté du polygone que le peintre a choisi, s'il est permis d'appeler peintre le barbouilleur de cette enseigne. On aperçoit des chevaux étiques, des enfans se roulant par terre, et je ne sais quoi de pyramidal qui représente tout ce que l'on veut excepté quelque chose. Le bois de Vincennes se lie de nos jours à un événement si funeste, l'assassinat des enfans Gerbaud, que j'ai cru devoir appeler enseigne ce tableau; sans cela, je l'aurais omis, comme je l'aurai sans doute fait d'une multitude de pauvretés, plutôt destinées, je le suppose, à garantir les murs de la pluie qu'à fixer l'attention publique.

BUREAU D'ANNONCES ANONYMES. Qu'est-ce que cela veut dire? me demandai-je en apercevant de loin cette inscription. Approchons; M. Roumette, rue des Fossés-Montmartre, n. 7, tient un bureau de placement. En effet, jamais enseigne plus exacte; les gens sans place demandent des emplois sous le voile de l'anonyme, et trop souvent ce sont aussi des anonymes qui s'adressent au bureau pour s'y pourvoir d'employés. Mais les anonymes sans place peuvent être connus, ils s'inscrivent moyennant une rétribution qui, pour la plupart du temps, ne sert qu'à enregistrer leurs noms aux archives des bureaux de placement, tandis que les anonymes qui demandent des employés, restent inconnus toute leur vie. Je ne sais pas trop si le bureau Roumette est semblable à une infinité d'autres; ce qu'il y a de certain c'est que la plupart ne sont que de misérables cloaques qui séduisent par de pompeuses annonces la crédulité des jeunes gens qui arrivent à Paris. Ce n'est pas la première fois que j'ai occasion de m'élever contre d'aussi dégoûtans artifices, et je me réserve toujours le droit de le faire quand j'en trouverai le moyen. Ne serait-il pas temps enfin que l'on surveillât ces agences d'impostures, et que l'on empêchât une foule d'intrigans et de pa-

resseux de tromper aussi grossièrement la crédulité d'honnêtes gens que
l'on séduit par un aussi scandaleux
moyen! Il y a pour les boulangers, les
marchands de vin, les limonadiers, et
quelques autres artisans, des bureaux de
placement spéciaux à chacune de ces
professions qui méritent toute espèce
de confiance, mais les Brunet et consors ne sont qu'un vain leurre que
l'honnête homme doit traduire ouver-
tement devant l'opinion publique.

CHEVAL INDIEN (*Au*). **Poulain**,
bijoutier orfèvre, galerie de pierre,
Palais-Royal, n. 146. Tout en étant
forcé d'avouer qu'il n'existe aucun rapport entre l'enseigne de ce beau magasin, et le magasin lui-même, la justice
nous commande de dire que ce tableau
est fort agréablement dessiné, que le
cheval indien ne serait pas mal pour un
cheval normand, qu'enfin les arbres, les
rochers, le torrent qu'on aperçoit pro-
duisent un effet assez pittoresque. Un
mauvais plaisant pourrait peut-être
dire que M. Poulain a fait dessiner un
jeune cheval afin de rétablir sous une
autre forme l'harmonie dont nous lui
reprochons la violation entre son état

et son enseigne ; mais certes, ce ne serait jamais qu'une fausse application, car je suis convaincu que, bien que M. Poulain ait inscrit son nom immédiatement au-dessous de son jeune cheval, il n'a jamais voulu qu'on établît aucun rapprochement entre lui et le noble animal, bien que l'on soit convenu d'appeler poulain un jeune cheval.

CURIEUSE (*A la*). Nouveautés, rue de la Monnaie, au coin de la rue Baillif. Les enseignes se succèdent avec tant de rapidité dans ce quartier, que pour les enregistrer toutes sur nos tablettes, il faudrait avoir, pour ainsi dire, bureau ouvert tout le long de l'année, et être à la piste de tous les magasins qui s'ouvrent. Il est vrai qu'il en disparaît aussi tous les jours quelques-unes, et que parfois elles ont des destinées bien bizarres (voir *Mât de Cocagne*). Nous faisons cette remarque à propos de la rue de la Monnaie, qui vient de perdre *Jeanne Hachette* et s'enrichir de la *Curieuse* ; c'est bien le cas, ce nous semble, de dire avec Virgile : *Uno avulso, non deficit alter.* La jolie curieuse ne nous fera pas regretter Jeanne Hachette; elle est jolie, sa taille est svelte, sa figure a de l'expression, son minois est agaçant; elle écoute; et quoi? se demandent les curieux passans. Elle veut apprendre *à faire l'article*, et les jeunes gens du magasin s'y entendent à merveille; elle veut tenir note des vérités qu'ils débitent, et pour se le rappeler elle n'a pas besoin ni de mémoire, ni de carnet. Peut-être trouvera-t-on que je suis moi-même indiscret; mais, messieurs, qui l'est plus de moi ou de votre jolie curieuse?

DÉSIR DE LA FRANCE (*Au*). Bégazon, épinglier, grillageur, rue St-Denis, n. 298. Si notre mémoire est bien fidèle, M. Bégazon avait, sous l'empire, la même enseigne; cependant le désir de la France a dû changer. Alors on apercevait sur la devanture de cette boutique un écu autour duquel s'enlaçaient des lauriers; depuis le retour des Bourbons M. Bégazon, fidèle à son enseigne, a conservé son écu et ses lauriers, seulement il y a écrit ces deux mots : *La paix*. De telle façon qu'on lit maintenant: *Au desir de la France, la paix*. Mais, afin que tout soit en harmonie, n'eût-il pas bien fait de substituer aux feuilles belliqueuses du laurier, les tiges pacifiques de l'olivier ?

JOCKO DE LA MONTAGNE (*Au*). Rue de la Montagne-Sainte-Geneviève, n. 33, Boucher, marchand de vin. Jocko, c'est-à-dire un singe, car Mazurier, en les ennoblissant, n'a certainement pas réuni tous les singes de la même famille. Un singe, dis-je, tient dans ses griffes un verre dans lequel un petit garçon verse à profusion le nectar des dieux à 16 sous le litre. Maître Jocko n'a pas trop l'air de s'en réjouir, est-ce que par exemple il aurait déjà goûté au vin du marchand?

BALANCE (*A la*). Voici enfin la dernière enseigne de cet opuscule, c'est celle que nous avons choisie (voir le fleuron qui figure au titre de cet ouvrage). Notre enseigne, comme on le verra, présente un axe dans un équilibre parfait, et deux plateaux exactement parallèles; ils n'offrent aucune inclinaison, tous les deux sont également suspendus. Ils indiquent que la plus grande impartialité a présidé à notre travail; c'est à nos lecteurs à en juger; et nous nous abandonnons avec d'autant plus de confiance à son investigation, que le ciel nous est témoin que nous ne sommes soumis à aucune influence. Hélas! tout le monde en pourrait-il dire autant? Que d'enseignes ne servent que de prétexte pour attirer l'attention publique, et combien de *maisons de confiance* et d'enseignes sous l'invocation de la *bonne foi* ne sont qu'un appât pour la crédulité! Nous avons lu *Figaro* sur une petite feuille plus méchante que maligne; *Mentor* sur un feuilleton qui n'était pas toujours sage; *Nouveauté* sur le titre d'une éphéméride qui racontait par fois de vieilles chroniques; *Corsaire* sur un journal qui certes ne prend pas toujours son butin aux rives du Permesse; *Médiateur* sur la couverture d'un recueil qui ne peut être considéré comme s'occupant de concilier tous les partis; *Opinion* en tête des vastes colonnes d'un journal qui ne partage pas l'opinion de la multitude; *Pandore* sur le titre d'archives où le bien et le mal ne sont pas enregistrés en proportions égales, et enfin *Courier des théâtres* entre les jambes d'un cheval qui ne ressemble pas à Pégase.

Maintenant, lecteurs, laissez-vous prendre à l'enseigne. Mais que vont dire de nous ces immortelles puissances? Gare *aux coups de lancettes* et aux malins alinéas du *Butin*, de *la Boîte*, de *l'Écho*, des *Macédoines*, et des *Mozaïques*. De bonne foi, c'est en tremblant que nous les citons, et, si quelque chose nous rassure, c'est que les journalistes n'ont pas besoin de lire les livres pour les annoncer. D'ailleurs, un in-32, fi donc! les deux exemplaires d'usage valent-ils les honneurs d'une insertion de deux lignes, quand on a tous les jours *abondance de matières?*

Mais, va-t-on nous dire, vous oubliez d'autres enseignes encore, et le *Constitutionnel*, et le *Courier français*. Réparons cette omission des deux journaux; si l'on en croit leur dire, et surtout si l'on s'en rapporte à leurs procès, ces deux journaux, disons-le, sont restés fidèles à leur enseigne, c'est-à-dire à leur titre; mais les *Débats*, on prétend qu'ils vont quitter la rue des Prêtres-St.-Germain-l'Auxerrois. Le *Drapeau blanc* s'est *lavé* d'une accusation à lui faite dans la personne de son éditeur responsable. *L'Aristarque* est constamment pointilleux; le *Journal de Paris* a constamment bureau ouvert pour l'insertion des accidens qui arrivent dans la capitale ; la *Quotidienne* paraît tous les jours pour l'honneur de Montrouge ; l'*Étoile* brille tous les soirs sur les boulevards, le *Pilote* conduit *très* pour ne pas dire *trop prudemment* sa barque ; la *Gazette* conserve toujours son ancienne gravité ; le *Journal du Commerce* nous donne quotidiennement les mercuriales du marché au beurre et aux légumes. Il n'y a pas jusqu'au *Moniteur* qui, pour avertir ses lecteurs de l'existence de messieurs tel et tel, ne nous donne une seconde édition *officielle* des profonds articles de la *Gazette* ou de l'*Étoile*. Voilà, je l'espère, des entreprises fidèles à leur enseigne, ici ce n'est point un vain leurre. On nous dira peut-être qu'il y a manière de s'entendre, tenons-nous pour ce que nous en avons dit. Au reste, nous ne nous exposerons point à nous mettre en procès avec la *Gazette* ni avec le *Spectateur* des tribunaux, nous respecterons même la voix de l'*Écho* afin d'avoir, à tout événement, un abri contre les malveillans qui appelleraient notre in-32 en polémique. Toutefois n'oublions pas de demander grâce pour son intention ; prions les personnes que nous avons épinglées de protéger sa course ; un souffle favorable peut un instant le faire planer dans les airs, et retenir leur place au temple de mémoire.

F I N.

IMPRIMERIE DE H. BALZAC,
RUE DES MARAIS S.-G., N. 17.